U0148245

第一章 秦之起源

第一节 秦之民族

秦之民族，往昔并无问题，近世学者，始有以秦非华夏之族而为戎者。考其论据，约有下列数点：

秦为嬴姓，说文云：『嬴，少皞之姓也。』故秦应为少皞之后。按春秋之后，嬴姓之国可知者，有秦、梁、莒、徐、郯等国。徐为戎，莒、郯为夷。（秦与徐、莒、郯同为少皞之后，徐、莒等国为戎为夷，则秦当亦非与周同族。）

秦本纪云：『申侯之女为大骆妻，生子成为适。申侯乃言孝王曰，昔我先郦山之女，为戎胥轩妻，生中潏，以亲故归周……』正义云：『胥轩，仲衍曾孙也。』□□□□□□□□当谓胥轩为戎族。

『大费拜受，佐舜调驯鸟兽，鸟兽多驯服，是为柏翳，舜赐姓嬴氏。大费生子二人：一曰大廉，实鸟俗氏；二曰若木，实费氏。其玄孙曰费昌，子孙或在中国，或在夷狄。』既曰或在夷狄，秦当为戎狄之族。

又史记商君列传云：『始秦戎翟之教，父子无别，同室而居。』魏世家云：『魏王……欲亲秦而伐韩，以求故地。无忌谓魏王曰：秦与戎翟同俗，有虎狼之心……』秦与戎翟同俗，秦为戎无疑。

此说是否可信，吾人以为不无可议。周人以秦及少皞之后诸国为夷为戎，诚属事实。然此并不足以证明少皞之后乃华夏以外之民族。周人不仅目少皞之后为夷为戎，其他古帝王之后，亦有目为蛮夷戎翟者。见于左氏传者，太皞之后，有任、须句、颛臾、宿。颛顼之后，有邾、小邾。禹之后有鄫。皋陶之后有英、六蓼、舒鸠。太岳之后有许。四岳之后有姜戎。祝融之后有楚、夔、戎蛮。此等国家，周人似皆以蛮夷目之。楚之为蛮，姜戎之为戎，人尽知之。昭公二十三年左传云：

『邾人城翼……遂自离姑。武城人塞其前，断其后之木而弗殊。邾师过之，乃推而蹶之，遂取邾师……邾人诉于晋，晋人来讨。叔孙婼如晋，晋人执之……晋人使与邾大夫坐。叔孙曰，列国之卿，当小国之君，固周制也。邾又夷也。』

是周人以颛顼之后为夷也。曲礼云：

『天子同姓谓之叔父，异姓谓之叔舅。于外曰侯，于其国曰君。其在东夷、北狄、西戎、南蛮，虽大曰子，于内自称曰不穀。』

□□□□□□□□□爵列子男者，必皆周人目之为蛮夷者。又僖公二十三年，左传云：

『杞成公卒，书曰子，杞，夷也。』杜预云用夷礼。又僖公二十七年左传云：『杞桓公来朝，用夷礼，故曰子。』杞侯用夷礼，而春秋书曰子，可知夷狄实皆子爵，□□□又如潞、鼓、无终等等，皆确知为夷狄，而爵列为子，可知周代爵列子男者，皆周人目之为蛮夷戎狄者。上举古帝王诸侯之后，如须句、邾、小邾、鄅、舒鸠、夔、戎蛮，皆子爵，是周必目此诸邦为夷也。许与宿皆男爵，则更夷狄之小邦矣。

周人所以目古帝王诸侯之裔为蛮夷，最浅显之解释，自为民族不同。上古之世，生息于中土者，非一民族，自属可能。然周人之以古帝王诸侯之后为蛮夷，亦未必尽由于民族的原因。此外，似尚有政治的、文化的原因。即政治上服周之政令、文化上从周之礼教者，周即以华夏遇之，否则，目为蛮夷。齐与姜戎，同为四岳之后，杞与鄫同为夏禹之后，齐与杞皆属华夏，而姜氏及鄫则目之为戎夷，此盖因齐、杞皆服从周之政令，为周新封，故周以诸夏遇之。隐公元年，『公及邾仪父盟于蔑』。左氏云：『三月，公及邾仪父盟于蔑，邾子克也。未王命，故不书爵。』穀梁传云：『其不书邾子何？邾之上古微，未爵命于周也。』邾为故有之部落，未爵命于周，即列之于子，目之为夷。由此，盖可知周代夷夏之分，实有政治意味也。又如吴、大戎皆与周同姓，晋文公母大戎狐氏女，僖公二十三年左传云：『男女同姓，其生不蕃，晋公姬出也，而至于今。』是大戎与周同姓同族。』周皆以蛮夷遇之。此当因文化上未受周之礼教也。执此以观，周人以少皞之后为夷为戎，亦犹周人视其他古帝王诸侯之后为蛮夷耳，乃由于政治及文化之原因，非尽由于民族之不同也。周人以秦为戎，亦犹以吴楚之□□□秦当非周以后之犬戎，汉以后之西羌也。□□□□□□□□□其玄孙曰中潏，在西戎，保西垂。生蜚廉……』

中潏在西戎保西垂，而中衍至中潏，世系又不明白。说者或又以中潏以后之□□为西戎。太史公因秦为嬴姓，遂以之为伯翳中衍之后。中潏与中衍实无关系。此说亦难成立。郑语云：『姜、嬴、荆、芈，实与诸姬代相干也。姜，伯夷之后也。嬴，伯翳之后也。伯夷能礼于神以佐尧者也，伯翳能议百物以佐舜者也。其后皆不失祀而未有兴者。周衰，其将至矣。』『公曰：姜嬴其孰兴？对曰：夫国大而有德者近兴，秦仲、齐侯，姜嬴之俊也，且大，其将兴乎？』

史伯之对郑桓公，在幽王之时，彼即以秦为嬴姓伯翳之后，史公之言，固有根据，未尝为秦虚构世系也。西周之时，即以秦为少皞之后，吾人若非有强有力之根据，似不能否认也。古代记载不备，世系不明，乃属当然，吾人不能因此即谓中潏非中衍之裔也。

至于秦与戎翟同俗，亦可有两种解释：上古之世，生息于中原者，既非一族，则其风俗文化不同，自属当然。此种现象，下至春秋之世，似尚存在。上引僖公二十三年左传，杞成公卒，用夷礼。二十七年，杞桓公来朝，用夷礼。此所谓夷礼者，究属何礼？杞为禹后，当不至效东夷小国之礼。臆所谓夷礼者，乃杞故有之礼，即夏礼。可知春秋之世，杞犹保存其故有之礼俗。其他旧时部□□持其故有之风俗者，必为数不少。秦人戎翟之俗者，其俗不同于周□□

□礼俗或即秦故有之礼俗。又秦居西垂，错居戎翟之间，年代既久，□□□□□□□□□□□吾人固不能因其俗之同于戎翟，即必其与戎□□□□□□□□□之民族，仍以旧说为当，乃属华夏，而非（原稿缺）

第二节　秦之立国

一、秦之故地

据秦本纪，秦之立国，始于周孝王之以非子为附庸。

史记秦本纪：『大费生子二人：一曰大廉……大廉玄孙曰孟戏、中衍……其玄孙曰中潏，在西戎，保西垂。生蜚廉，蜚廉生恶来……父子俱以材力事殷纣……恶来革者，蜚廉子也，早死。有子曰女防。女防生旁皋。旁皋生太几。太几生大骆。大骆生非子。以造父之宠，皆蒙赵城，姓赵氏。非子居犬丘，好马及畜，善养息之。犬丘人言之周孝王，孝王召使主马于汧渭之间，马大蕃息。孝王欲以为大骆适嗣。申侯之女为大骆妻，生子成为适。申侯乃言孝王曰，昔我先郦山之女，为戎胥轩妻，生中潏，以亲故归周，保西垂，西垂以其故和睦。今我复与大骆妻，生适子成。申骆重婚，西戎皆服，所以为王，王其图之。于是孝王曰，昔柏翳为舜主畜，畜多息，故有土，赐姓嬴。今其后世亦为朕息马，朕其分土为附庸，邑之秦，使复续嬴氏祀，号曰秦嬴。亦不废申侯之女子为骆适者，以和西戎。』

然秦实为旧邦。周以前固不论，武王伐纣，杀恶来，其国实犹未灭。周孝□□以非子为大骆适嗣，而申侯以女为大骆妻生子成，因为成请，孝王许之□□□西戎。是大骆仍为一部落之酋长。秦本纪云：『周厉王无道，诸侯或叛之，西戎反王室，灭犬丘大骆之族。』又云：『周宣王乃召庄公昆弟五人，与兵七千人，使伐西戎。破之，于是复予秦仲后及其先大骆地犬丘并有之，为西垂大夫。庄公居其故西犬丘。』大骆有土地。故秦自大骆以前必仍有国家，未尝覆亡。

中潏在西戎保西垂，西垂当为秦之故地。庄公居其故西犬丘，西犬丘必即西垂。按隐公八年经云：『春，宋公、卫侯遇于垂。』左传云：『齐侯将平宋卫，有会期。宋公以币请于卫，请先相见。卫侯许之。故遇于犬丘。』注云：『犬丘，垂也，地有两名。』卫地之垂，亦名犬丘，是故垂与犬丘，必有相连之关系。秦之西垂即西犬丘，由此盖可得明证。秦之西垂、西犬丘，初盖亦仅名垂及犬丘耳，后因卫亦有垂、犬丘，故后世史家名秦之垂及犬丘为西垂、西犬丘以为区别也。西垂之地望，括地志云：『秦州上邽县西南九十里，汉陇西郡县是也。』『郡』下当少『西』字。西县当为秦故地所在。

然据史记，大骆非子居犬丘。徐广曰：『今槐里也。』括地志云：『犬丘故城，一名槐里，在雍州始平县东南十里。』后汉书西羌传云：『厉王无道，戎狄寇掠，乃入犬丘，杀秦仲之族。』章怀注云：『犬丘，县名，秦曰废丘，汉曰槐里。』是又以秦自大骆非子，居始平之犬丘。岂秦自大骆非子以后，徙居槐里之犬丘耶。吾人以为徐广以及章怀之说皆属非当。按宋忠曰：『懿王自镐徙都犬丘，一曰废丘，今槐里是也。』汉书地理志云：『槐里，周曰犬丘，懿王都之。』水经注渭水云：『槐里，古犬丘邑也。周懿王都之。秦以为废丘，亦曰舒丘。』是皆以周懿王都犬丘也。周懿王既都槐里之犬丘，则大骆非子何能□□其地。故大骆非子所居之犬丘，必非槐里也。吾人以为大骆非子所居之犬□□□犬丘。徐广不知西犬丘初仅名犬丘，『西』字乃后人所加，又因槐里亦名犬丘，□□□□□□□□秦以为附庸。秦邑之所在，徐广曰：『今天水陇西县秦亭也。』括地志云：『秦州清水县本名秦，嬴姓邑。』水经注渭水云：『水出东北大陇山秦谷，二源双导，历三泉合成一水，而历秦川。川有故秦亭，秦仲所封也。秦之为号，始自是矣。』续汉志陇西成纪有秦亭。注云：『秦之先封起于此。』皆以非子始封之地为陇西之秦亭。但秦本纪云：『三年，文公以兵七百人东猎。四年，至汧渭之会。曰，昔周邑我先秦嬴于此，后卒获为诸侯。乃卜居之。占曰吉，即营邑之。』

据此，非子所封之秦，不在陇西，而在汧渭之会也。其谓在清水者，岂因其地有秦亭，而遂附会之耶。秦文公营邑之地，毛苌云在郿（秦本纪正义引），而水经注渭水云：『鱼龙川水东迳汧县故城北，史记秦文公东猎汧田，因遂都其地是也。』郦道元又以秦文公所都为汧。按帝王世纪云：『秦襄公二年，徙都汧。』（秦本纪正义引）若襄公既已都汧，则不能谓文公始卜居之也。故文公所邑汧渭之会当非汧而为郿也。非子始封之地，当即在此。

二、秦之渐大与襄公之列为诸侯

秦自非子以后，历秦侯、公伯而至秦仲，秦乃渐强。诗秦风车邻序云：『秦仲始大，有车马礼乐侍御之好焉。』可知秦仲以后，秦即渐大。

史记秦本纪云：『秦仲立三年，周厉王无道，诸侯或叛之。西戎反王室，灭犬丘大骆之族。周宣王即位，乃以秦仲为大夫，诛西戎，西戎杀秦仲。秦仲立二十三年，死于戎。有子五人，其长者曰庄公。周宣王乃召庄公昆弟五人，与兵七千人，使伐西戎，破之。于是复予秦仲后及其先大骆地犬丘并有之，为西垂大夫。庄公居其故西犬丘。』

周厉王无道，西戎反王室，宣王即位，以秦仲为大夫，诛西戎。自厉王以来，周盖赖秦仲以捍御西戎。秦仲之强，殆因其能御戎之故。又自周孝王以非子为附庸，大骆之后，实有两国：一为大骆嫡子成，居犬丘；一为非子，邑秦。厉王时，西戎反王室，灭犬丘大骆之族，则大骆嫡子成之后，为西戎所灭，犬丘之地，亦失之于戎。秦仲之诛西戎，一方面为周捍御，一方面亦收复失地。及庄公破西戎，周宣王予以大骆地犬丘并有之，秦故地始完全收复，而秦复合两国为一。故自庄公以后，秦之领土已自陇西而达汧渭，土地实甚恢廓。郑语云：『（郑桓）公曰：「姜嬴其孰兴？」（史伯）对曰：「夫国大而有德者近兴。秦仲、齐侯，姜嬴之俊也，且大，其将兴乎？」』

史伯之对郑桓公，在幽王九年，即秦襄公五年。其时史伯称秦为大，可知秦在襄公未列为诸侯以前，已为大国。襄公之列为诸侯，不过受周之封爵耳。

周平王封秦襄公为诸侯。秦本纪云：

『襄公七年春，周幽王用褒姒，废太子，立褒姒子为适，数欺诸侯，诸侯叛之。西戎犬戎与申侯伐周，杀幽王骊山下。而秦襄公将兵救周，战甚力，有功。周避犬戎难，东徙洛邑，襄公以兵送周平王。平王封襄公为诸侯，赐之岐以西之地。曰：「戎无道，侵夺我岐丰之地。秦能攻逐戎，即有其地。」与誓，封爵之。』

□□□□□□□□□□而立褒姒子伯服。平王奔申，申侯乃与犬戎共攻□□犬戎申侯攻杀幽王时，秦襄公将兵救周，战甚力。是襄公与平王为□□平王何以复封襄公为诸侯？又犬戎乃与申侯以平王之故而杀幽王者，易言之，犬戎乃平王之兴国，平王何以又避戎难而东迁？吾人以为犬戎初虽与申侯共攻幽王而立平王，然平王既立，犬戎又与申侯争权。故犬戎复叛，而攻平王，平王避犬戎之难，乃东迁洛邑。犬戎攻杀幽王之际，襄公将兵救周；犬戎复叛，襄公又以兵送平王，其于平王虽前后有异，而其忠于王室，则始终一揆。平王以其保护之功，故封之为诸侯也。

至于襄公之世，秦之领土，亦有足论者。郑语云：『秦景襄于是乎取周土。』诗终南序云：『终南，戒襄公也。能取周地，始为诸侯，受显服。大夫美之，故作是诗以戒劝之。』皆以襄公已取周土。郑玄谓秦襄公列为诸侯，遂横有周西都宗周畿内八百里之地。

秦谱：『秦仲之孙襄公，平王之初，兴兵讨西戎以救周。平王东迁王城，乃以岐丰之地赐之，始列为诸侯。遂横有周西都宗周畿内八百里之地。』

孔氏正义更推衍其说，谓襄公之世，秦已尽有关中，东境至河。

秦谱正义：『地理志初洛邑与宗周通封畿，东西长而南北短，短长相覆为千里。』则周之二都，相接为畿，其地东西横长，西都方八百里。本纪云：『赐襄公岐以西之地。襄公生文公，于是文公遂收周余民有之。地至岐，岐以东献之周。』如本纪之言，则襄公所得，自岐以西。如以郑言，横有西都八百里之地，则是全得西畿，言与本纪异者。按终南之山，在岐之东南，大夫之戒襄公，已引终南为喻，则襄公亦得岐东之地，非唯自岐以西也。即如本纪之言，文公收周余民，又献岐东于周，则秦之东境，终不过岐。而春秋之时，秦境东至于河，襄公以后，更无功德之君，复是何世得之也？明襄公救周，即得之矣。本纪之言不可信也。

然吾人审索情理史实，毛、郑、孔氏之言，诚虽令人首肯。毛、郑之说，实无根据。而孔氏据诗以斥史记，谓秦本纪之言不可信，理由更为薄弱。终南是否为襄公时之诗，实难断定。即使为襄公时所作，其引终南为喻，亦因终南为西北各山，非必即在秦之境内也。至谓襄公以后，秦无功德之君，春秋之世，秦境至河，非襄公得之不可，则更昧于史实。秦自文公以后，宁、武、德诸代，历世东略，史册记载，甚为明白，何得谓无功德之君，不知何世得之？按史记秦本纪乃根据秦史者，秦史未遭秦火，故必可信。又秦有史纪事，始于文公十三年，时犹在文公取岐西地之前，上距襄公不过十余年，故秦史记载襄公文公时事，必属不误。秦本纪云：『襄公十二年，伐戎而至岐卒。』襄公伐戎至岐即卒，必未得岐东地也。秦本纪又云：『（文公）十六年，文公以兵伐戎，戎败走，于是文公遂收周余民有之，地至岐，岐以东献之周。』文公十六年败戎，地始至岐，岐以东献之周，更足明襄公时，秦境未达岐以东也。诗黍离序云：

『黍离，闵宗周也。周大夫行役，至于宗周，过故宗庙宫室，尽为禾黍。闵周室之颠覆，彷徨不忍去，而作是诗也。』

周平王东迁后，周大夫行役，犹能达于宗周，则必其地曾复为周有。镐京之□□□□□□□□□地不能过岐，盖可明了。又据秦本纪，秦自文公败戎□□□□□□□□□社，其间秦未伐者三十五年。秦所以久不东略者，亦□□东属周也。吾人以为周遭犬戎之难，东迁洛邑，西京之地，曾一度失之于戎。□□周秦夹击，戎即败走，岐以东为周收复，岐以西则为秦有。（其年代即秦文公十六年，周平王二十年，详见拙作周平王东迁考）周之尽丧西京，秦之东略关中，则在周平王末年以后也。

第二章 秦之强大与穆公之霸西戎

第一节 宁公以后之扩张

秦文公取岐以西之地，岐以东，仍为周有。平王之末，周室陵迟，戎狄入侵，西京之地，乃全沦丧。

周西京之丧失，旧皆以为平王东迁之初。吾人以为西京之失，乃在平王之末。吾人前举秦本纪之记载，推定平王时曾收复丰镐。后汉书西羌传云：『及平王之末，周遂陵迟，戎逼诸夏。自陇山以东，及乎伊洛，往往有戎。于是渭首有狄豲邽冀之戎，泾北有义渠之戎，洛川有大荔之戎，渭南有骊戎，伊洛间有杨拒、泉皋之戎，颍首以西有蛮氏之戎。』据此，平王之末，周□□□□复入寇，于是关中之地，乃为戎所侵据。

□□□□□诸戎。秦本纪云：『宁公二年，遣兵伐荡社，三年，与亳战，亳王奔戎，遂灭荡社。』又十二年，『伐荡氏取之』。括地志云：『其国在三原始之界。』是宁公时，□□及于丰镐矣。桓公四年（秦宁公八年）左传云：『秋，秦师侵芮，败焉，小之也。』『冬，王师、秦师围魏，执芮伯以归。』又桓公十年（秦出子二年）左传云：『秋，秦人纳芮伯万于芮。』魏在河东，芮在临晋，宁公、出子之世，兵锋达于河东，且干涉芮之内政，其地虽未河，其势似已陵砾关中矣。『武公元年，伐彭戏氏，至于华山下。』正义云：『戎号也，盖同州彭衙故城是也。』十一年，初县杜郑，括地志云：『下杜故城在雍州长安县东南九里，古杜伯国。华州郑县也。』武公时，秦地固已越镐京而及于同华。又：『武公十一年，伐邽、冀戎，初县之。』上邽在陇西，冀在天水。武公时，秦势不仅东进，而且西展。武公之世，自渭首沿渭水两岸之地下至同华，大约已尽为秦有矣。

第二节　穆公之霸业

一、夺晋之河西地及争霸中原

秦于宁公、出子、武公之世，东展甚速。然是时晋亦西向拓境，据有河西之地，故德公、宣公、成公之时，秦之势力，即未能东进，盖阻于晋也。

史记晋世家云：『当是时（献公时）晋强，西有河西，与秦接境，北边翟，东至河内。』是献公时已有河西地。又晋世家云：『秦穆公使百里傒将兵送夷吾，夷吾谓曰：诚得立，请割晋之河西八城与秦。』正义云：『（八城）谓同华等州地。』是同华之地，献公时必已属晋。晋之向河西发展，大约始于献公。献公以前，晋国久经内乱，似无力外向。及曲沃武公灭晋，内乱始息。献公即位，乃得扩□□□□。晋世家云：『献公五年，伐骊戎，得骊姬。』骊戎在临潼骊山。然□□□□□□位未久，即向西进。秦本纪云：『宣公四年，与晋战河阳，胜之。』秦宣公四年，即晋献公五年。秦晋河阳之战，殆即因晋献公伐骊戎之故。穆公立，复事东进。是时，晋遭骊姬之乱，群公子亡在外。晋献公卒，国乱。公子夷吾亡在秦，求入，赂秦以河西八城。史记秦本纪谓八城。左传云：『赂秦伯以河外列城五，东尽虢略，南及华山，内及解梁城。』晋惠公既入，背约不与秦。穆公十五年伐晋，战于韩，得晋惠公，晋献河西地以和。于是秦地至河。按僖公十六年左传云：『于是秦始征晋河东，置官司焉。』又十七年左传云：『夏，晋太子圉为质于秦，秦归河东而妻之。』韩原之战以后，秦曾占有晋之河东，次年复还之于晋。二十年，灭梁芮，同华之地，乃尽为秦有。二十四年，晋惠公卒，秦复纳晋文公，秦势欲凌晋上。

秦穆公之纳晋文公，其意乃欲使晋亲己，而能操纵晋之内政。秦之所以立晋文公乃因晋惠公太子圉质秦亡归。然太子圉之亡归，实不能构成秦必须纳晋文公之正当理由。秦本纪云：『晋公子圉闻晋君病，曰：「梁，我母家也，而秦灭之。我兄弟多，即君百岁后，秦必留我，而晋轻，亦更立他子。」子圉乃亡归晋。』晋世家云：『晋惠公病，内有数子。太子圉曰：「吾母家在梁，梁今秦灭之，我外轻于秦而内无援于国。君即不起病，大夫轻更立他公子。」乃谋与其妻亡归。』是太子圉之亡归晋，一方面固惧己之不得立，一方面亦惧秦之要挟。穆公之怨公子圉亡去，而纳晋文公，乃怨子圉之不为己之傀儡也。

是时王子带作乱，周襄王出居于汜，告难于秦晋。穆公率师欲纳王，旋以晋文公入襄王，穆公将兵助之。自是秦乃与于中国之事。

秦本纪云：『二十五年，周王使人告难于秦晋，秦穆公将兵助晋文公，入襄王。』□□□□冬，襄王避昭叔之难，居于郑地汜，使来告难，亦使告于秦。子犯曰：『民亲而未知义也。君盍纳王以教之义。若不纳，秦将纳之，则失周矣，何以求诸侯？』晋世家云：『（文公）二年春，秦军河上，将入王。赵衰曰：求霸莫如入王尊周。周晋同姓，晋不先入王，后秦入之，毋以令于天下。方今尊王，晋之资也。』据此秦穆公本欲纳王，后以晋群臣惧秦纳王而晋失诸侯，晋乃出兵与秦争先。左传云：『晋侯辞秦师而下。』杜预曰：『辞让秦师使还。』是晋实不欲秦与纳王。晋所以不欲秦纳王，盖因惧秦强霸诸侯也。当是时，齐桓公卒。齐桓公卒于秦穆公十八年。宋襄公欲求霸而败。穆公二十一年，宋襄公会诸侯于盂为楚所执。穆公二十三年，宋楚战于泓，宋师败绩，襄公伤。晋又内乱，诸侯以秦楚为强，若秦穆公得纳襄王，则秦必称霸矣。故晋文公之纳襄王，实为秦晋霸业之关键。

然是时，晋强，文公称霸，故秦势不能东出。穆公三十二年，晋文公卒，明年，秦穆公因晋丧侵郑，欲展其势力于中原，晋遮击之于殽，大败秦师。自是秦乃不复东征。

二、秦穆公之霸西戎

秦穆公既不能与晋争霸，乃转而西向，于是用由余，灭戎王，遂霸西戎。

秦本纪云：『由余遂去降秦。穆公以客礼礼之，问伐戎之形……三十七年，用由余谋伐戎王，兼国十二，开地千里，遂霸西戎。』

韩诗外传云：『昔戎将由余使秦，秦穆公问以得失之要。对曰，古有国者，未尝不以恭俭也。失国者，未尝不以骄奢也。由余因论五帝三王之所以衰，及至布衣之所以亡。穆公然之。于是告内史王缪曰，邻国有圣人，敌国之忧也。由余，圣人也。将奈之何？王缪曰，夫戎王居僻陋之地，未尝见中国之声色也，君其遗之女乐以淫其志，乱其政，其臣下必疏，因为由余请缓期，使其君臣有间，然后可图。穆公曰，善。乃使王缪以女乐二列遗戎王，为由余请期。戎王大悦，许之。于是张酒听乐，日夜不休，终岁淫纵，卒马多死。由余归，数谏不听，去之秦。秦公子迎拜之上卿，遂并国十二，辟地千里。』

按秦穆公之霸西戎，其史实已不能详知。秦本纪及韩诗外传皆言并国十二。而李斯谏逐客书云其兼国二十。汉书韩安国传云：『昔秦穆公都雍，地方三百里，知时宜之变，攻取西戎，辟地千里，并国十四，陇西北地是也。』此又以秦穆公并国十四。秦穆公所并国家之多少，纵诸说不同，其地当为陇西北地之境。又史记匈奴列传云：『秦穆公得由余，西戎八国服于秦。故自陇以西有绵诸、绲戎、翟豲之戎。岐梁山泾漆之北，有义渠、大荔、乌氏、朐衍之戎。』自绵诸至朐衍，适为八戎，当即为秦穆公所服者。如是则秦穆公时，诸戎为秦并灭者外，又有服于秦者。义渠在北地，朐衍在灵夏。秦穆公时，秦之势力盖已西达黄河矣。

秦境乃东自同华，西抵西河。自此以后，秦虽未能主盟中国，然终春秋之世，与齐晋楚为大国。

第三章　商鞅变法

第一节　商君思想之大要

战国之初，秦势仍强。

厉共公十六年伐大荔，取其王城。本纪二十年伐绵诸，二十六年城南郑，三十三年伐义渠，虏其王。惠公五年伐绵诸。绵诸此后不复见或即此时为秦所灭。出子二年，取南郑。可知战国之初，秦仍极力向外扩张。秦之势力，此时不仅向西北两面发展，且越秦岭而达于汉中。

然怀公以后，君位数更，国内多乱。

据秦本纪，自厉共公至献公有厉共公、躁公、怀公、灵公、简公、惠公、出子、献公，□□怀公为庶长晁及大臣所围，自杀。大臣立怀公孙灵公。灵公卒，子献公不得立，立简公。又出子二年，庶长改迎献公立之。杀出子及其母。据此秦自怀公以后始乱。然孝公求贤令云：『会往者厉、躁、简公、出子之不宁，国家内忧，未遑外事。』是自厉公以来，内乱即发。其事如何，史无记述，今不得知矣。唯献公之入，吕氏春秋不苟论曾记其事，词与史记异，今并抄于下。吕氏春秋不苟论云：『秦小主夫人用奄变，群臣不说自匿，百姓郁怨非上。公子连亡在魏，闻之，欲入，因群臣与民从郑所之塞。右主然守塞，弗入，曰，臣有义，不两主，公子勉去矣。公子连去，入翟，从焉氏塞，菌改入之。夫人闻之，大骇，令吏兴卒。奉命曰，寇在边。卒与吏其始发也，皆曰，往击寇。中道因变曰，非击寇也，迎主君也。公子连因与卒俱来。至雍，围夫人。夫人自杀。公子连立，是为献公。』

是时魏文侯强，复夺秦河西地。献公立，欲东伐，复故地。未遂而卒。子孝公立，欲继父志，复穆公之业，下令求贤，于是商君入秦，孝公用之变法。

商君变法，为秦之大事，非特令秦强大，亦抑转变战国时代之历史。兹先略述商君思想之大要，藉明其变法之根据。

一、商君之法治论

商君以前，尚贤论正盛，而人主亦以求士为重。商君则反对尚贤而主张尚法。商君以为法治，乃历史演进的必然。彼以历史演进，可分三个时代，即亲亲、上贤、尊官。

商君书开塞篇：『天地设而民生之。当此之时，民知其母而不知其父，其道亲亲而爱私。亲亲则别，爱私则险。民众而以别险为务，则民乱。当此时也，民务胜而力征。务胜则争，力征则讼。讼而无正，则莫得其性也，故贤者立中正，设无私，而民说仁。当此时也，亲亲废，上贤立矣。凡仁者以爱为务，而贤者以相出为道。民众而无制，久而相出为道，则有乱。故圣人承之，作为土地、货财、男女之分。分定而无制不可，故立禁。禁立而莫之司不可，故立官。官设而莫之司不可，故立君。既立君，则上贤废而贵贵立矣。然则上世亲亲而爱私，中世上贤而说仁，下世贵贵而尊官。此三者，非事相反也，民道弊而所重易也。世事变而行道异也。』

商君盖以人类社会，各时代不同。在某种社会状态下，乃产生某种政治制度，行某种政治理论。政治制度及政治理论，必随社会之改变而更易。上贤之说乃『中世』民说仁时代之产物，已不适合当前社会之情况及当前社会之需要。当前既为贵贵而尊官之时代，则必须立禁而尚法。

商君又以为尚贤非特不能治国，反足以滋乱，足以弱国。盖所谓贤不肖，本无一客观之标准。所谓贤者乃以其言之足听，或因人之称誉。如此，则易互相标榜。互相标榜，则善恶淆乱，贤不肖益难分辨。且互相标榜，则党与易起。党与起则人重私交而倍人主，故国乱。又所谓贤者乃由其人言语足听，故尚贤则人竞于虚词而不重实际，如此，则力少言多而国弱。故商君谓世人尚贤，乃以其所以乱者治。

慎法篇：『凡世莫不以其所以乱者治，故小治而小乱，大治而大乱。人主莫能世治其民，世无不乱之国。奚谓以其所以乱者治？夫举贤能，世之所治也，而治之所以乱。世之所谓贤者，言正也。所以为言正者，党也。听其言也，则以为能；问其党，以为然。故贵之不待其有功，诛之不待其有罪也。此其势，正使污吏有资而成其奸险，小人有资而施其巧诈。初假吏民奸诈之本，而求端悫其末，禹不能以使十人之众，庸主安能以御一国之民？彼而党与人者，不待我而有成事者也。上举一与民，民倍主位而向私交。民倍主位而向私交，则君弱而臣强。君人者不察也，非侵于诸侯，必劫于百姓。彼言说之势，愚智同学之。士学于言说之人，则民释实事而诵虚词。民释实事而诵虚词，则力少而非多。君人者不察也，以战必损其将，以守必卖其城。』

商君主张任法。法足为善恶、贤不肖之客观的标准。合于法者贤，不合于法者不肖。合于法者善，不合于法者恶。

修权篇：『先王悬权衡，立尺寸，而至今法之，其分明也。夫释权衡而断轻重，废尺寸而意长短，虽察，商贾不用，为其不必也。故法者，国之权衡也。夫倍法度而任私议，皆不知类者也。不以法论知能贤不肖者，惟尧。而世不尽为尧。是故先王知自议誉私之不可任也，故立法明分。中程者赏之，毁公者诛之。』

任法而治，一切皆准于法，则一切毁誉皆无所用之。毁誉既无所用，则各以其正，民皆为善，则国自治。

慎法篇：『故有明主忠臣产于今世，而能领其国者，不可以须臾忘于法。破胜党任，节去言谈，任法而治矣。使吏非法无以守，则虽巧不得为奸。使民非战无以效其能，则虽险不得为诈。夫以法相治，以数相举，不能相益，訾言者不能相损。民见相誉无益，相管附恶；见訾言无损，习相憎不相害也。夫爱人者不阿，憎人者不害，爱恶各以其正，治之至也。臣故曰，法任而国治矣。』

法不特可为善恶之客观的标准，且有强迫作用，能使人必不为奸而为善。以仁义为教，仅可使己为仁为义，而不能使人必仁必义。若以法治，则可使人不得不为善。

画策篇：『圣人知必然之理、必为之时势，故为必治之政，战必勇之民，行必听之令……圣人见本然之政，知必然之理，故其制民也，如以高下制水，如以燥湿制火。故仁者能仁于人，而不能使人仁；义者能爱于人，而不能使人爱。是以知仁义之不足以治天下也。圣人有必信之性，又有使天下不得不信之法……故圣王者，不贵义而贵法……法必明，令必行，则已矣。』

如人人不得为奸，不得不为善，则人人可信。

画策篇：『故善治者，使跖可信，而况伯夷乎。不能治者，使伯夷可疑，而况跖乎。势不能为奸，虽跖可信也；势得为奸，虽伯夷可疑也。』

全国之民，人人可信，则国家自治。

法治在社会政治方面，可使奸邪不生，巧诈不起，同时且可强迫全国力量之集中。商君思想之目的乃在富国强兵，战胜敌国。战胜敌国，则必须全国人民力量集中。其能抟聚人民之力量，商君以为唯法为能。

画策篇：『昔之能制天下者，必先制其民者也。能胜强敌者，必先胜其民者也。故胜民之本在制民，若冶于金，陶于土也。本不坚，则民如飞鸟禽兽，其孰能制之？民本，法也。故善治者，塞民以法。』

□□后，则君臣应共同遵守。而人主亦不能以私意害法。

修权篇：『法者，君臣之所共操也。信者，君臣之所共立也。』

又：『惟明主爱权重信，而不以私害法。』

无论何人，乱法者，皆罪死不赦。即有功于前、有过于后者及忠君孝子及守法之吏，触法者，亦皆罪死。

赏刑篇：『所谓壹刑者，刑无等级。自卿相、将军以至大夫、庶人，有不从王令、犯国禁、乱上制者，罪死不赦。』

又：『有功于前，有败于后，不为损刑。有善于前，有过于后，不为亏法。忠臣孝子有过，必以其数断。守法守职之吏，有不行王法者，罪死不赦，刑及三族。』

人主一切言听行事，必皆准之于法。

君臣篇：『故明主慎法制。言不中法者，不听也。行不中法者，不高也。事不中法者，不为也。言中法，则听之。行中法，则高之。事中法，则为之。』

二、重刑与告奸

商君主法治，其推行法令，则端赖重刑。

画策篇：『国之乱也，非其法乱也，非法不用也。国皆有法，而无使法必行之法。国皆有禁奸邪、刑盗贼之法，而无使奸邪盗贼必得之法。为奸邪盗贼，死刑。而奸邪盗贼不止者，不必得也。必得而尚有奸邪盗贼者，刑轻也。刑轻者，不得诛也。不得者，刑者众也。故善治者，刑不善。故不刑而民善。不刑而民善，刑重也。刑重者，民不敢犯，故无刑也。』

□意，以为刑轻则民犯法者可不必死。犯法者不必死，则民轻犯法。欲民□□法，法必行无碍，惟行重刑。所谓重刑者，小过重罚。小过重罚，则小过不犯。小过不犯，则大过可止矣。

说民篇：『故行刑重其轻者。轻者不生，则重者无从至矣。』行刑，重其轻者，则可以去奸。奸去，则民自善。世所谓以刑劝。民既皆善，则刑可错。此所谓以刑去刑。

开塞篇：『古者民藂生而群处，乱，故求有上也。然则天下之乐有上也，将以为治也。今有主而无法，其害与无主同。有法不胜其乱，与无法同。天下不安无君而乐胜其法，则举世以为惑也。夫利天下之民者，莫大于治，而治莫康于立君。立君之道，莫广于胜法。胜法之务，莫急于去奸。去奸之本，莫深于严刑。故王者，以赏禁，以刑劝。求过不求善，藉刑以去刑。』

刑能去刑，故刑虽为人所恶，而其结果，则可使民安乐。故商君不以刑为残酷，而反以刑为义之本。

开塞篇：『故以刑治，则民威。民威，则无奸。无奸，则民安其所乐。以义教，则民纵。民纵则乱，乱则民伤其所恶。吾所谓刑者，义之本也。而世所谓义者，暴之道也。』

刑不特为义之本，且可以治国，可以寝兵，可以使天下反于德。

开塞篇：『故王者刑用于将过，则大邪不生；赏施于告奸，则细过不失。治民能使大邪不生，细过不失，则国治，国治必强。一国行之，境内独治。二国行之，兵则少寝。天下行之，至德复立。此吾以杀刑之反于德。』

□德即出之于刑。

说民篇：『刑生力，力生强，强生威，威生德，德生于刑。』

故商君主张『刑九而赏一』，『求过不求善』。

商君主重刑，刑必加于有罪。然则有罪者何由得知？商君主用告奸之法，以求有罪者。『刑九而赏一』，所赏者即告奸也。告奸行，则细过不失。盖告奸，则奸不由君察，不由官察，而可由闾里家人互相纠司。以人君而察全国，耳目难周，自不能尽得有罪。若由闾里家人自相纠察，则有罪无所逃避矣。故说民篇云：『国治，断家王，断官强，断君弱。』又云：『以十里断者弱，以五里断者强。』告奸不仅可以使细过不失，且可令民心有所懔惧而不敢为非。说民篇云：『有奸必告之，则民断于心。』民既断于心，则人人不敢为奸邪。奸邪不生，则刑罚可错，国必治矣。商君奖励告奸，告奸者赏。然则知奸不告则如何？商君以为不告奸者，当重罚。商君列传云：『不告奸者腰斩，告奸者与斩敌首同赏，匿奸者与降敌同罚。』不告奸及匿奸者重罚，则民不得不告奸矣。

故商君之法治，重刑、告奸，实有连带之关系。欲行法，则必须重刑。欲刑之必加于有罪，则必须告奸。告奸，则奸邪不失。奸邪不失，则刑必果。刑必果，则法必行矣。此商君所谓为必治之政，行必听之令也。

三、重农论

商君之目的在富国强兵。富国之道，唯有农战。农战之要，首须全国人民皆从事于农业。故彼反对学问游说商贾技艺及一切非农业之事。认此种种皆足以危削国家。农战篇：『今境内之民，皆曰农战可避，而官爵可得也。是故豪杰皆可变业，务学诗书，随从外权，上可以得显，下可以得官爵。要靡事商贾，为技艺，皆以避农战。具备，国之危也。民以此为教者，其国必削。』

商君之意以为学诗书游说商贾技艺者，非特其本身不能生产，且足令人民舍弃农业。盖诗书游说商贾技艺，事不劳苦，而可得高爵厚利，而农民力作勤苦，获利甚少。农民见诗书商贾技艺者事易而利厚，则自舍其本业而趋之。农民怠于农战，则农荒、粟少，国削矣。

农战篇：『国好言谈者削。故曰，农战之民千人，而有诗书辩慧者一人焉，千人者皆怠于农战矣。农战之民百人，而有技艺者一人焉，百人者皆怠于农战矣。』

又：『今境内之民及处官爵者，见朝廷之可以巧言辩说取官爵也，故官爵不可得而常也。是故进则曲主，退则虑私，所以实其私。然则下卖权矣。夫曲主虑私，非国利也，而为之者，以其爵禄也。下卖权，非忠臣也，而为之者，以末货也。然则下官之冀迁者，皆曰，多货，则上官可得而欲也。曰，我不以货事上而求迁者，则如以狸饵鼠尔，必不冀矣。若以情事上而求迁者，则如引诸绝绳而求乘枉木也，愈不冀矣。二者不可以得迁，则我焉得无下动众取货以事上，而以求迁乎？百姓曰，我疾农，先实公仓，收余以食亲，为上忘生而战，以尊主安国也。仓虚，主卑，家贫。然则不如索官。亲戚交游合，则更虑矣。豪杰务学诗书，随从外权，要靡事商贾，为技艺，皆以避农战。民以此为教，则粟焉得无少，而兵焉得无弱也。』

□□目诗书礼乐为虱，必须禁止。务使诗书商贾尽归于农。其道令国之大夫不得为博闻辩慧游居之事，不得游居百县。如此，则官吏不能为诗书学问，农民亦不得闻见诗书学问。农民不闻见博闻辩慧，则亦不见异思迁，离其本业。

垦令篇：『国之大臣诸大夫，博闻辩慧游居之事，皆无得为。无得居游于百县，则农民无所闻变见方。农民无所闻变见方，则知农无从离其故事，而愚农不知，不好学问。愚农不知，不好学问，则务疾农。知农不离其故事，则草必垦矣。』

至其于商贾技艺，则令商不得籴。商不得籴，则无所牟利。商者无利，则必弃商而归农。

垦令篇：『使商无得籴，农无得粜。农无得粜，则窳惰之农勉疾。商无得籴，则多岁不加乐。多岁不加乐，则饥岁无裕利。无裕利则商怯。商怯则欲农。窳惰之农勉疾，商欲农，则草必垦矣。』

同时奖励农战。其道惟从事于农战者，始可得官爵，非此不能得官。此所谓利出于一孔。

农战篇：『善为国者，其教民也，皆作壹而得官爵。是故不以农战，则无官爵。』

商君之意，欲全国人民皆从事农业。全国人民皆从事农业，不仅生产增加，国家可富，全国力量，且可集中。全国力量集中，则可以强。

农战篇：『凡治国者，患民之散而不可抟也。是以圣人作壹，抟之也。国作壹一岁者，十岁强。作壹十岁者，百岁强。作壹百岁者，千岁强。千岁强者王……是以明君修政作壹，去无用，止浮学事淫之民，壹之农。然后国家可富，而民力可抟也。』

然则商君之重农，其目的只在富国而非富民。商君实主张弱民惠民政策者。民富则强。民强，则政不胜其民。民强，则礼乐虱官生，是足以削国。故商君主张民既富之后，则即令民出粟得官。如此，农民收获所得除其自食者外，余皆收归国有。

壹言篇：『治国者贵民壹。民壹则朴，朴则农，农则易勤，勤则富。富者废之以爵，不淫。』

人民之收入归之国家，则国富而民不富矣。

四、强兵论

商君以为一国能兵战胜者，首在其政治。一国政治清肃，则可富可强。故商君云：『强者必治，治者必强。富者必治，治者必富。』（立本篇）所谓治者，彼意即能彻底实行法治。法治之极，人民莫不遵法，以至成俗而法可以无用，则国可以强，兵可以出。

立本篇：『凡用兵，胜有三等。若兵未起则错法，错法而俗成，俗成而用具。此三者必行于境内，而后兵可出也。』

盖彻底实行法治，人民遵守法令，则政治之力量可以绝对控制人民。

战法篇：『凡战法，必本于政胜，则其民不争。不争，则无以私意，以上为意。』『政胜』下疑脱『政胜』二字。

谓政胜者，即政治力量能胜其人民。政治既能绝对控制其人民，则人民不敢有争论，不敢有私意。人民不敢有私意，则即绝对服从上意，而以上之意志为意志。如此，则全国之意志完全统一，完全集中。全国之意志统一集中，然后始可以言战。

强兵必须兵多。故商君主张全国皆兵。老弱妇女，皆编之军伍，令其服役。

兵守篇：『三军：壮男为一军，壮女为一军，男女之老弱者为一军。此之谓三军也。壮男之军，使盛食厉兵，陈而待敌。壮女之军，使盛食负垒，陈而待令。客至而作土以为险阻及耕格阱。发梁撤屋，给徙徙之，不给而熯之，使客无得以助攻备。老弱之军，使牧牛马羊彘，草水之可食者，收而食之，以获其壮男女之食。』

兵强战胜，必须民勇。何以能使民勇？商君以为惟壹民于战。

说民篇：『民勇者战胜，民不勇者战败。能壹民于战者，民勇；不能壹民于战者，民不勇。圣王见王之致于兵也，故举国而责之于兵。』

壹民于战者，令全国人民皆从事于战争。商君实主张全民战争者。全国人民皆从事战争矣，然后以刑赏随其后，于是可使怯民勇，勇民死。

说民篇：『民勇，则赏之以其所欲；民怯，则刑之以其所恶。故怯民使之以刑则勇，勇民使之以赏则死。怯民勇，勇民死，国无敌者必王。』

所谓赏，必令一切名利爵禄，一出于兵，此外则无由而得名利爵禄。此所谓壹赏。

赏刑篇：『所谓壹赏者，利禄官爵，抟出于兵，无有异施也。夫固知愚、贵贱、勇怯、贤不肖，皆尽其胸臆之知，竭其股肱之力，出死而为上用也。天下豪杰贤良从之如流水。』

一面以刑驱民不得不战，一面又令求利禄官爵者，惟出于战之一途。久之，其民自好战乐战而成俗。非仅壮勇者好战，父兄昆弟亦莫不教其子弟务战。人民闻战而相贺，起居饮食歌谣者，莫非战，商君谓此为壹教。

赏刑篇：『所谓壹教者，博闻辩慧，信廉礼乐，修行群党，任誉清浊，不可以富贵，不可以评刑……然富贵之门，要在战而已矣。彼能战者，践富贵之门。强梗焉，有常刑而不赦。是父兄、昆弟、知识、婚姻、合同者，皆曰，务之所加，存战而已矣。夫故当壮者务于战，老弱者务于守。死者不悔，生者务劝，此臣之所谓壹教也。民之欲富贵也，共阖棺而后止。而富贵之门，必出于兵。是故民闻战而相贺也，起居饮食所歌谣者，战也。』

画策篇：『入其国，观其治，民用者强。奚以知民之见用者也。民之见战也，如饿狼之见肉，则民用矣。凡战者，民之所恶也，能使民乐战者王。强国之民，父遗其子，兄遗其弟，妻遗其夫，皆曰，不得无返。又曰，失法离令，若死我死。乡治之，行间无所逃，迁徙无所入。行间之治，连以五，辨之以章，束之以令。拙无所处，罢无所生。是以三军之众，从令如流，死而不旋踵。』

民既好战乐战成俗，则其兵必强，其国必无敌。此商君所谓战必勇之民也。商君可谓彻底的军国主义者。

第二节　商君变法之经过

一、变法之争论

商君于孝公元年入秦，三年，孝公用商君之言变法。变法自为一大事，不可不慎，故当时秦廷大臣甘龙、杜挚等极力反对。商君列传云：

『孝公既用卫鞅，鞅欲变法，恐天下议己。卫鞅曰，疑行无名，疑事无功。且夫有高人之行者，固见非于世，有独知之虑者，必见敖于民。愚者暗于成事，知者见于未萌。民不可与虑始而可与乐成。论至德者，不和于俗；成大功者，不谋于众。是以圣人苟可以强国，不法其故，苟可以利民，不循其礼。孝公曰，善。甘龙曰，不然。圣人不易民而教，知者不变法而治。因民而教，不劳而成功；缘法而治者，吏习而民安之。卫鞅曰，龙之所言，世俗之言也。常人安于故俗，学者溺于所闻。以此两者，居官守法可也，非所论于法之外也。三代不同礼而王，五伯不同法而霸。知者作法，愚者制焉。贤者更礼，不肖者拘焉。杜挚曰，利不百不变法，功不十不易器。法古无过，循礼无邪。卫鞅曰，治世不一道，便国不法古。故汤武不循古而王，夏殷不易礼而亡。反古者不可非，而循礼者不足多。』

甘龙主张『因民而教』『缘法而治』，乃系维持现状而已。其结果仅能做到『吏习民安』，只不过使政治社会稳定而已，不能使国家进步改革也。杜挚主张『法古无过，循礼无邪』，则更仅『不求有功，但求无过』之因循苟且之论。二人理论皆微弱无力。至于商君则主张随时代之演进及时代之需要而立法。商君书算地篇云：

『故圣人之为国也，观俗立法则治，察国事本则宜。不观时俗，不察国本，则其法立而民乱，事剧而功寡。此臣之所谓过也。』

壹言篇云：『故圣人之为国也，不法古，不修今，因世而为之治，度俗而为之法。故法不察民之情而立之，则不成。治宜于时而行之，则不干。故圣王之治也，慎为、察务，归心于壹而已矣。』

所谓『观俗立法则治』『治宜于时而行之，则不干』，皆谓立法当合时代之情形及需要也。时代演变，政治、社会、经济等一切情形，古今殊异，其治法自不能执一，而当随之改变。故商君之理论，实较甘龙、杜挚等为有力。且孝公所求者，为欲富国强兵，恢复秦之霸业，非只保守现状而已。是以甘龙、杜挚之论不能餍孝公之望。孝公不听甘、杜而用商君，实属必然。

二、变法之大要

1. 法治重农强兵政策之实行

商君列传云：

『卒定变法之令。令民为什伍，而相收司连坐。不告奸者腰斩，告奸者与斩敌首同赏，匿奸者与降敌同罚。民有二男不分异者倍其赋。有军功者，各以率受上爵，为私斗者，各以轻重被刑。大小僇力本业。耕织致粟帛多者复其身。事末利及怠而贫者，举以为收孥。宗室非有军功论，不得为属籍。明尊卑爵秩等级以差次。名田宅臣妾衣服以家次。有功者显荣，无功者虽富无所芬华。』

商君法治重农强兵之理论全部实行。令民为什伍，连坐告奸，乃实行其法治之理论。『民有二男不分异者倍其赋』『大小僇力本业，耕织致粟帛多者复其身。事末利及怠而贫者，举以为收孥』，乃实行其禁止商贾技艺，驱全国之民尽归于农及奖励农业之理论。『有军功者，各以率受上爵，为私斗者，各以轻重被刑』『宗室非有军功论，不得为属籍』及『有功者显荣，无功者虽富无所芬华』，即实行其壹民于兵之理论。

2. 制度之改革

商君之行其新法，除用政治法令之力推行外，复改革制度以促其施行。

(1) 郡县制之创立。

郡县之名，春秋时已有之。秦本纪云，秦武公十年，县邽冀。十一年，县杜郑。然此处之县，是否即若后代郡县制度下之行政区域，似尚不能必。哀公三年左传云：『克敌者，上大夫受县，下大夫受郡。』春秋之世，郡县用以赐封，是必犹未成为真正之行政区域也。秦武公之县邽冀、杜郑，似非其时即有郡县制。秦之郡县制实始于商君。秦本纪云，孝公十二年并诸小乡聚，集为大县，县一令，四十一县。是商君实将秦全国划为若干县。县有令丞，县实为一行政区域。商君所以创立此种县制者，盖欲增强法治之推行。法家思想实主张中央集权，君主专制者。法之行，端赖人君能绝对操予夺赏罚之柄。县制既立，县之令长，皆由人主任命，事权尽拆人君之手，法治乃得畅行无碍。

（2）废井田。

汉书食货志云：『（秦）用商鞅之法，改帝王之制，除井田，民得卖买。』商君之废井田，其情实如何，今不得知。吾人以其废井田之用意，乃在促进其农战政策之推行。商君重农战。农战之要，一方面固须驱全国之民归之于农，一方面亦须令人民乐于为农。故商君主张人民之富□一出于农。人民见惟农可以致富贵，则自乐于力耕。井田制按口□田，土地所有权非属于农民。勤农力耕，不能得富乐，而怠惰者不甚□，如此，则农必不勤，实有害于农战。商君废井田。乃以土地所有权，属之于民。令民得卖买，则人民可自由竞争。勤者可以致富，惰者将无以为生。于是惰者勤，勤者奋。

（3）定军爵。

商君因故秦官制定军爵二十等，以赏有功。一、公士；二、上造；三、簪袅；四、不更；五、大夫；六、官大夫；七、公大夫；八、公乘；九、五大夫；十、左庶长；十一、右庶长；

十二、左更；十三、中更；十四、右更；十五、少上造；十六、大上造；十七、驷车庶长；十八、大庶长；十九、关内侯；二十、彻侯。韩非子云：『商君之法……斩一首者爵一级，欲为官者为五十石之官；斩二首者爵二级，欲为官者为百石之官。』商君之法，人民必以战功而得爵，按爵而授官。易言之，人民必以军功始能得官。人民欲富贵爵禄者惟此一途，故必勇于战阵。此即实行其所谓利出于一孔也。

以上三种制度之改革，商君之意，乃欲借此增强其新法之推行。然其影响实极深巨。县制及军爵既行，古代之封建制乃尽破坏，而郡县制乃得确立。井田制既废，社会经济完全改观，私有财产制乃起。

3. 风俗之改易

商君列传云：『始秦戎翟之教，父子无别，同室而居。今我更制其教，而为其男女之别。大筑冀阙，营如鲁卫矣。』李斯列传云：『孝公用商鞅之法，移风易俗，民以殷盛，国以富强。』由此可知，商君曾改易秦之风俗。惜今不知其详耳。臆商君为秦变法，非仅求国家之富强，亦且欲□变其风俗，提高其文化。鞅语赵良以『更制其教，而为其男女之别。大筑冀阙，营如鲁卫』为己功，可知商君曾努力将中原文化输之于秦也。

三、变法之结果

商君变法之后，秦立富强。商君列传云：『行之十年，秦民大悦。道不拾遗，山无盗贼，家给人足。民勇于公战，怯于私斗，乡邑大治。』

蔡泽列传云：

『夫商君为秦孝公明法令，禁奸本。尊爵必赏，有罪必罚。平权衡，正度量，调轻重。决裂阡陌，以静生民之业，而一其俗。劝民耕农利土，一室无二事。力田稸积，习战阵之事。是以兵动而地广，兵休而国富。故秦无敌于天下，立威诸侯，成秦国之业。』

商君以耕战教其民，固足以树秦富强霸业之基础，然其最大之成就，吾人以为犹在其政治。荀子强国篇云：

『应侯问孙卿子曰，入秦何见？孙卿子曰，其固塞险，形势便，山林川谷美，天材之利多，是形胜也。入境，观其风俗，其百姓朴，其声乐不流污，其服不佻，甚畏有司而顺，古之民也。及都邑官府，其百吏肃然，莫不恭俭、敦敬、忠信而不楛，古之吏也。入其国，观其士大夫，出于其门，入于公门，出于公门，归于其家，无有私事也。不比周，不朋党，倜然莫不明通而公也，古之士大夫也。观其朝廷，其间听决百事不留，恬然如无治者，古之朝也。故四世有胜，非幸也，数也。是所见也。故曰，佚而治，约而详，不烦而功，治之至也。秦类之矣。』

荀子所述秦国社会政治之情况，其整齐肃穆，实无与伦比。荀子称之为『治之至』，实属不虚。然此皆商君法治之效。政治为一国盛衰强弱之根本。政治清肃，根本既固。更盖之以富强之术，其国自无敌于天下矣。故秦之兼并六国，实商君植其基础也。

刘向新序云：『秦孝公保崤函之固，以广雍州之地。东并河西，北收上郡。国富兵强，长雄诸侯。周室归籍，四方来贺，为战国霸君，秦遂以强。六世而并诸侯，亦皆商君之谋也。』

至于商君变法之所以得能成功，其原因亦有足论者。商君之所以成功，要有下列三点：①其法简单易行。商君变法其要仅法治、富国、强兵三事而已。因其不繁，故精力得以集中。又其方法亦甚简易。方法简易，故施行甚便。又方法简易，则民不见烦扰。民不见烦扰，故法行而无碍。王莽变法失败，即由多变而扰也。②商君之公忠无私。法治之要，在执法者之绝对守法。按法乃机械性的。以法治国，犹若随机械而运转。故执法者必须绝对公正无私，必须绝对理智，不容有些许私意爱憎于其间。否则，法即破坏。蔡泽称商君，『极身无二虑，尽公不顾私』。刘向称商君，『内不私贵宠，外不偏疏远』。商君可谓公忠极矣。商君既绝对守法，故法得必行。③步骤合理。治国之要，首在政治。政治严肃整饬，然后一切设施，始可行之而无弊。否则，必令行而奸起，法出而弊生。商君变法，首重法治。因其法令必行，政治清肃，令行禁止，故其一切新法及改革，行之无弊无梗。王莽□公皆不先明其法令政治，而急于纷更，故致失败也。

第三节 商君之向外扩张及其外交政策

商君之思想，实为侵略主义。彼以国既富强，则非侵略他国不可。商君书去强篇云：『国强而不战，毒输于内，礼乐虱官生，必削。国遂战，毒输于敌国，无礼乐虱官，必强。』又云：『能生不能杀，曰自攻之国，必削。能生能杀，曰攻敌之国，必强。』商君之意治理国家，当令国家富强，国力充实。然此种实力乃属有毒，若不消除反足有害。能培植国力，又能将其消除，此彼所谓能生能杀。此种国力之毒，彼以应用之以攻击敌国，使毒输于敌国。否则，国家富强，适足以令人民趋于佚乐而致衰弱。是以商君变法，秦已富强，乃即向外扩张。商君列传云：

『卫鞅说孝公曰，秦之与魏，譬若人之有腹心疾。非魏并秦，秦即并魏。何者？魏居领阨之西，都安邑，与秦界河而独擅山东之利。利则西侵秦，病则东收地。今以君之贤圣，国赖以盛。而魏往年大破于齐，诸侯畔之，可因此时伐魏。魏不支秦，必东徙。东徙，秦据河山之固，东乡以制诸侯，此帝王之业也。』

孝公前，魏取河西地，与秦相接，故商君以魏为秦腹心之疾。故商君首先攻魏。商君之意，攻魏不特解除秦之威胁，亦且可以争胜中原。孝公八年，与魏战于元里，取少梁。十年，卫鞅为大良造将兵围安邑，降之。十一年，鞅围魏固阳。二十一年，齐败魏于马陵，杀魏将庞涓，虏其太子申。明年，鞅乃乘势攻魏，虏魏将公子卬。『魏惠王兵数破于齐秦，国内空，日以削，恐，乃使割河西之地献于秦以和。而魏遂去安邑，徙都大梁。』注：秦境复抵河西。

商君不特奠秦富强之基，秦之外交政策似亦为商君所确立。合从连横旧以为创于苏秦张仪，近世学者，颇多质疑，谓苏张之时，绝无合从连横之事，亦无合从连横之可能。征之记载，世说亦未必尽当。史记六国表序云：

『及田常杀简公而相齐国，诸侯晏然弗讨，海内争于战功矣。三国终之卒分晋，田和亦灭齐而有之，六国之盛，自此始。务在强兵并敌，谋诈用，而从衡短长之说起。』

是战国之初，从衡之说即已有之。又吴起列传云：

『楚悼王素闻起贤，至则相楚。明法审令，捐不急之官，废公族疏远者，以抚养战斗之士。要在强兵，破驰说之言从横者。』

蔡泽列传云：『吴起为楚悼王立法，卑减大臣之威重，罢无能，废无用，捐不急之官，塞私门之请……破横散从，使驰说之士无所开其口。』

吴起与魏文侯、武侯、楚悼王同时，其时已有从横之说，从横之起于六国之初，必无疑问。商君书农战篇云：

『今世主皆忧其国之危而兵之弱也，而强听说者。说者成伍，烦言饰辞，而无实用。主好其辩，不求其实，说者得意，道路曲辩，辈辈成群。』

商君以前，游说之风，盖已甚盛。又农战篇云：『豪杰皆可变业，务学诗书，随从外权。』

随从外权者即挟外国之势力也。是当时学诗书为辩慧之游说之士，已□挟其外交之势力，以驰骋于诸侯之间。此种随从外权，以驰说于诸侯之间者，非从横之士而何？惟从横之说，初仅外交上之阴谋诡计，而非合从摈秦、连横事秦两种外交政策也。

连横成为秦之外交政策，吾人以为非始于张仪，而始于商君。贾生过秦论云：

『秦孝公据崤函之固，拥雍州之地。君臣固守，以窥周室。有席卷天下、包举宇内、囊括四海之意，并吞八荒之心。当是时也，商君佐之。内立法度，务耕织，修守战之备，外连衡而斗诸侯。于是秦人拱手而取西河之外。』

商君『外连衡而斗诸侯』，连横政策，固明始倡于商君也。又商君说秦孝公击魏，迫之东徙，秦据河山之险以制诸侯，固有建立帝业之雄图。其时从横交合之说既盛，以商君之明智，焉有不加利用之理。故以理推之，商君亦当倡连横也。按孝公商君围魏安邑。而六国表魏表及魏世家皆云是年『诸侯围我襄陵』，是是年商君必与诸侯合伐魏。又孝公二十一年，商君取魏河西地，魏世家云是年『秦赵齐共伐我。秦将商君诈我将军公子卬而袭夺其军，破之。秦用商君，东地至河』，是此役商君又与齐赵合击魏。商君实已用连横政策以弱魏矣。惟商君之世，秦虽渐强，而势犹未霸。商君之连横，亦仅与诸侯联盟以强己力，犹未成为以秦为中心之连横也。及至惠王，败强魏，秦势日盛，凌魏而上之，张仪奔走于魏楚，于是连横乃成为以秦为主动。

第四章　秦之蚕食六国

第一节　张仪之连横政策及其收获

商君变法，秦既富强。惠王以后，日事扩张。及至始皇，卒并六国。自惠王至始皇，为时百有余年，其间执政，最著者有张仪、穰侯、范雎、李斯诸人。而成秦之帝业者，亦以诸子之力为多。兹就诸人之功业，略述秦统一六国之梗概。

秦孝公卒，惠王立，用张仪，『与谋伐诸侯』。张仪用事，终惠王之世，秦之强大，凌诸侯，实自此始。

一、取魏河西上郡

商君政策，首在攻魏。商君之世，秦虽取魏河西地，然犹未尽为秦有。惠王即位，因商君遗策，复攻魏。惠王四年，攻魏，败之于雕阴（陕西洛交县）。五年，魏纳阴晋（陕西华阴）以和。八年，又败魏龙贾军四万五千于雕阴，魏纳少梁河西地。九年，渡河，取汾阴（山西汾阴）、皮氏（山西龙门西）。十年，张仪与公子华围蒲阳（山西永济北），降之。仪说惠王，以蒲阳还魏。复说魏所以报秦，于是魏献上郡十五县于秦，魏黄河西岸之地，乃尽入于秦。魏自文侯以来，为中原强国。惠王以后，屡败于齐秦。及此，魏势乃杀，而秦浸凌魏上。

二、张仪之倡连横

苏秦张仪合从连横，其事有无，其发生之年代若何，近世学者，颇多置疑。太史公述苏张合从连横事，史记苏秦张仪二传及战国策所录苏秦张仪说六国合从连横之词，皆与当时之情势，不相符合，不足据信。

苏张说六国合从连横之词，与当时情形不合之处，学者多已指出。兹录其显然易见者于下。苏秦说燕文公曰：『夫燕之所以不犯寇被甲兵者，以赵之为蔽其南也。秦赵五战，秦再胜而赵三胜。秦赵相毙，而王以全燕制其后，此燕之所以不犯寇也。』据燕世家，苏秦说燕，在文公二十八年，即秦惠王四年。前此，秦仅商鞅攻魏，取其河西地，秦赵未尝交兵也，何有秦赵五战之事？可知苏秦说燕之词不足信。秦说赵肃侯曰：『齐秦为两敌，而民不得安。倚秦攻齐而民不得安，倚齐攻秦而民不得安。』秦惠王初，继商君之后，秦始有河西之一部，势犹未大盛，不能与齐为两敌也。及张仪相秦，略魏河西上郡，败韩魏及楚，取汉中，并巴蜀，秦势益大，乃浸有与齐争长之势。又秦说肃侯云：『当今之时，山东之建国，莫强于赵。』赵之强，始于武灵王胡服骑射。肃侯时，中原国家，仍以魏为最强，赵固不敌也。是苏秦说赵之词，不足信也。其说韩魏曰：『乃欲西面事秦，称东藩，筑帝宫，受冠带，祠春秋。』是时，秦惠且未称王，何得云筑帝宫，祠春秋？此必秦昭王约齐湣王称东西帝以后之作。说楚威王云：『大王不从，秦必起两军，一军出武关，一军下黔中，则鄢郢动矣。』秦惠王之初，秦尚未有汉中巴蜀，何由能出武关，下黔中？此亦秦惠王以后之作。至于张仪说六国连横，其词亦不可信。仪说楚怀王云：『楚尝与秦构难，战于汉中。楚人不胜，列侯执珪死者七十余人，遂亡汉中。楚王大怒，兴兵袭秦，战于蓝田。此所谓两虎相搏者也。』秦取楚汉中，即仪欺怀王之结果，今仪说怀王，不称大王而云楚王，甚不合口吻。由语汇观之，明为仪以后人之作。仪说韩云：『夫秦卒与山东之卒，犹孟贲之与怯夫。以重力相压，犹乌获之与婴儿。』乌获，秦武王时力士，在仪后。此必非仪辞。说齐湣王云：『秦赵战于河漳之上，再战而赵再胜秦。战于番吾之下，再战又胜秦。四战之后，赵之亡卒数十万，邯郸仅存。虽有战胜之名，而国已破矣。是何也？秦强而赵弱。今秦楚嫁女娶妇，为昆弟之国。韩献宜阳，梁效河外，赵入朝渑池，割河间以事秦。』张仪时，未有与赵四战之事。此段叙事，实为错乱。秦赵战于河漳之上，乃始皇十四年李牧宜安之胜。战于番吾，乃始皇十五年事。韩献宜阳，在武王时。皆在仪死后。观其错乱，此篇必为后世假托者。说赵云：『今以大王之力，举巴蜀，并汉中，包两周，迁九鼎，守白马之津。』秦灭西周，在昭王五十二年，远后于张仪，故此亦必非仪词。

然谓秦惠王时，绝无合从连横之事，亦属非实。商君之时，秦已用连横之策。合从摈秦，张仪时代，亦已发生。史记魏世家云：

『哀王八年，伐卫，拔列城二。卫君患之。如耳见卫君曰，请罢魏兵，免成陵君可乎？卫君曰，先生果能，孤请世世以卫事先生。如耳见成陵君曰，昔者魏伐赵，断羊肠，拔阏与，约斩赵。赵分而为二。所以不亡者，魏为从主也。今卫已迫亡，将西请事于秦。与其以秦释卫，不如以魏释卫。卫之德魏，必终无穷。成陵君曰，诺。』

魏伐赵，断羊肠，拔阏与，其年代今不得知。然魏哀王八年，张仪犹生。（史记张仪列传索隐引竹书纪年仪于哀王九年五月卒。纪年无哀王，史记哀王之年，即襄王之年。小司马以纪年有哀王者，因彼以纪年失哀王之代，而从史记，故改纪年之今王为哀王。小司马之说，见魏世家索隐）此前魏即曾为从主，可知张仪时，必有合从之事。史记陈轸列传云：

『陈轸奔楚，楚未之重也，而使陈轸使于秦。过梁，欲见犀首，犀首谢弗见。轸曰，吾为事来，公不见轸，轸将行，不得待。异日，犀首见之。陈轸曰，公何好饮也？犀首曰，无事也。曰，吾请令公餍事，可乎？曰，奈何？曰，田需约诸侯从亲，楚王疑之未信也。公谓于王曰，臣与燕赵之王有故，数使人来曰，无事何不相见，愿谒行于王。王虽许公，公请毋多车。以车三十乘，可陈之于庭，明言之燕赵。燕赵客闻之，驰车告其王，使人迎犀首。楚王闻之，大怒，曰，田需与寡人约，而犀首之燕赵，是欺我也。怒而不听其事。齐闻犀首之北，使人以事委焉。犀首遂行。三国相事，皆断于犀首。』魏策记此，文与史记略异，史公盖别有所据。

陈轸之语犀首，其年不可知。然据魏世家，田需卒于哀王八年（以纪年订正，即襄王八年），在张仪死前一年。田需之倡合从，当在哀王八年之前。此又可知张仪时，确有合从之说。李斯谏逐客书云：

『惠王用张仪之计，拔三川之地，西并巴蜀，北收上郡，南取汉中，包九夷，制鄢郢，东据成皋之险，割膏腴之壤，遂散六国之从，使之西面事秦，功施到今。』

李斯谓张仪散六国之从，使之西面事秦，是张仪之时，不特有合从之事，且合从即事摈秦者。史记秦惠王后七年，五国共攻秦。此事是否属实，亦足明此时有无合从摈秦之事。史记之记此事，微参差。秦本纪谓伐秦者为韩、赵、魏、燕、齐五国及匈奴。六国表作韩、赵、魏、燕、楚，而无齐。魏世家云：『哀王元年，五国共攻秦，不胜而去。』未举五国之名。燕世家云：『燕哙三年，与楚三晋攻秦。』亦无齐。楚世家云：『怀王十一年，苏秦约从山东六国兵攻秦，楚怀王为从长。至函谷关，秦出击六国，六国兵皆引而归，齐独后。』据此，此次本约六国兵攻秦，后齐未参加耳。

吾人以为此事必不虚假。楚策云：

『五国伐秦，魏欲和，使惠施之楚，楚将入之秦而使行和……』

韩策云：

『五国约而攻秦，楚王为从长。不能伤秦，兵罢而留于成皋。』

据史记，山东诸国合从伐秦，而楚为从长者，仅秦惠王后七年之役。是韩策五国伐秦即指此。自秦惠王七年之后，山东诸国合从伐秦者，有秦昭王十一年之役。然此次伐秦者为齐、韩、魏、赵、宋、中山，而楚未参加，主从者为孟尝君。且惠施不能下及秦昭王之世，故楚策所言五国伐秦，亦指秦惠王后七年之役。据此，张仪时，五国实曾伐秦。又史记犀首列传云：

『犀首闻张仪复相秦，害之。犀首乃谓义渠君曰，道远，不得复过，请谒事情。曰，中国无事，秦得烧掇焚杅。君之国有事，秦将轻使重币，事君之国。其后五国伐秦。会陈轸谓秦王曰，义渠君者，蛮夷之贤君也，不如赂之以抚其志。秦王曰，善……义渠君致群臣而谋曰，此公孙衍所谓邪？乃起兵袭秦，大败秦人李伯之下。』

据此，秦与义渠李伯之战，乃因义渠参加五国伐秦之故。秦本纪谓此五国伐秦者为匈奴，盖史公以义渠为匈奴也。按后汉书西羌传云：

『后二年，义渠败秦师于李伯。明年，秦伐义渠，取徒泾二十五城。』

据秦本纪，秦伐取义渠二十五城，在秦惠王初更十年。前一年，义渠败秦于李伯，则为惠王初更九年。与五国伐秦之年，相差二年。后汉书西羌传多不据史记，而据纪年，疑此亦据纪年者。据此，秦惠王时，义渠实曾伐秦，败秦于李伯。以后汉书与史记相证，足明史记之不误。而义渠败秦于李伯，实因其参加五国伐秦之故。则张仪之时，五国伐秦，必非虚假。张仪时代，既有五国合而伐秦之事，则其时有合从摈秦之策，不辩可知矣。

然此时倡合从者，实非苏秦而为魏之诸臣。前引魏世家如耳语成陵君，魏为从主，陈轸列传谓田需诸侯从亲，皆足明此时倡合从者，实以魏为首。楚策云：

『五国伐秦，魏欲和，使惠施之楚。楚将入之秦而使行和。杜赫谓昭阳曰，凡为伐秦者楚也。今施以魏来，而公入之秦，是明楚之伐而信魏之和也。公不如无听惠施，而阴使人以请听秦。昭子曰，善。因谓惠施曰，凡为攻秦者魏也。今子从楚为和，楚得其利，魏受其怨。子归，吾将使人因魏而和。惠子反，魏王不悦。杜赫谓昭阳曰，魏为子先战，折兵之半。谒病不听，请和不得，魏折而入齐秦，子何以救之？东有越累，北无晋，而交未定于齐秦，是楚孤也。不如速和。昭子曰，善。因令人谒和于魏。』

杜赫谓昭阳曰：『凡为伐秦者楚也。』而昭阳谓惠施曰：『凡为攻秦者魏也。』由此二语窥之，亦可知五国伐秦，楚虽为从主，而首谋者为魏。而此种政策之产生，似仍由于张仪倡连横有以促成之。易言之，合从连横，实先有横，而后有从也。自秦惠王十年，魏纳河西上郡之地于秦之后，魏势浸衰，而秦势日盛。十三年，秦惠王为王，秦之地位益高。

战国六国称王之年代，史记记载，甚为错乱。魏世家云：『襄王元年，诸侯会徐州相王。』魏表同。田敬仲世家云：『宣王九年，与魏襄王会徐州，诸侯相王。』齐表同。若以纪年订正，史记所谓魏襄王元年，当为魏惠王后元年，齐威王二十二年，秦惠王四年。据此，诸侯于秦惠王四年，即已称王。至少魏齐两国当已于是年称王。然秦本纪云：『惠王十三年四月戊午，魏君为王，韩亦为王。』秦表亦云，是年四月戊午，魏君为王。据此，魏之称王，又在秦惠王十三年。（以纪年合之，为魏惠王后十年，齐威王三十一年）韩之称王，秦本纪谓在秦惠王十三年，即韩宣惠王八年。但六国表又谓在宣惠王十年。而韩世家云：『宣惠王十一年，君为王。』是韩之称王，竟有三种不同之年代。赵世家云：『武灵王八年，五国相王，赵独否。』战国策中山策云：『犀首立五王，而中山后持。』高诱云：『齐、赵、魏、燕、中山也。』据此，齐、魏、燕称王，又在赵武灵王八年，即秦惠王初更七年。但燕世家云：『易王十年，君为王。』据六国表，燕易王十年，乃赵武灵王三年，秦惠王初更二年。又与赵世家及战国策不合。此种错乱之来，乃由史记记战国时各国之世系年代根本不确之故。惟史记所载诸国称王之年代，除徐州相王外，余皆在秦惠王称王之后。或者徐州相王确有其事，然各国实未尝即称王也。按周本纪云：『显王四十四年，秦惠王称王，其后诸侯皆为王。』据此，战国六国称王，实以秦为最早。秦于六国首先称王，可知其时国势之盛。

初更二年，张仪会楚、齐、魏执政于啮桑，秦浸浸有领导诸侯之势矣。

啮桑之会，魏世家云：『诸侯执政与秦相张仪会啮桑。』田敬仲世家云：『秦使张仪与诸侯执政会于啮桑。』但秦本纪云：『张仪与齐楚大臣会啮桑。』楚世家云：『秦使张仪与楚、齐、魏相会，盟啮桑。』赵、燕、韩世家皆无会啮桑事。是此次与仪相会者，惟楚、齐、魏三国。盖是时除秦而外，三国最强，秦与三国，足以决天下事也。故此会可谓为秦所召集之四强会议。

秦势既盛，张仪乃欲乘时收魏，使之事秦。史记张仪列传云：

『其后二年，使与齐楚之相会啮桑东。还而免相。相魏以为秦，欲令魏先事秦，而诸侯效之。』

仪欲令魏先事秦而诸侯效之，是此时仪必倡连横也。仪既倡连横以收魏，而魏之诸臣乃倡合从以相抵。魏策云：

『魏王将相张仪，犀首弗利，故令人谓韩公叔曰，张仪以合秦魏矣。其言曰，魏攻南阳，秦攻三川，韩氏必亡。且魏王所以贵张子者，欲得地，则韩之南阳举矣。子盍少委焉，以为衍功，则秦魏之交可废矣。如此，则魏必图秦而弃仪，收韩而相衍。公叔以为信，因而委之。犀首以为功，果相魏。』

据此，张仪倡连横以合秦魏时，犀首实欲加破坏。以此与田需约诸侯合从，及犀首用陈轸之策而主天下之事观之，倡合从以抗张仪者，即田需、犀首辈也。孟子曰：『景春曰，公孙衍、张仪岂不诚大丈夫哉！一怒而诸侯惧，安居而天下熄。』张仪、犀首所以能左右天下者，一从一横也。张仪相魏，倡连横，原欲韩魏先事秦，而诸侯效之。然以田需、犀首倡合从之故，无所成就，而反遭五国之攻击。

张仪列传仪谓魏王，事秦，『魏王不肯听仪，秦王怒，伐取魏之曲沃、平周，复阴厚张仪益甚』，是秦此时且以武力为仪外交后盾。仪之外交所以不能成功，一方面固由犀首、田需辈之反对张仪，一方面亦由此时形势使然。秦自商君以来，侵魏不已，魏地为秦所略取者甚广，魏自深仇秦。而此时秦之势力，发展甚速，为诸侯之所畏嫉。故仪倡连横，魏必不听受，而合从反为诸侯所接受也。

秦惠王初更八年，张仪归相秦。自是，连年出兵伐三晋。八年，使樗里疾伐韩、赵、魏，败之脩鱼，虏韩将申差，败赵公子渴、韩太子奂。按韩世家及韩策，皆云此时韩太子名仓，而非奂。此据秦本纪。

秦本纪系此事于惠王初更七年，即五国伐秦之役。然韩、赵世家皆系于次年。赵世家云：『与韩共击秦，秦败我。』韩世家云：『秦败我脩鱼，得韩将鲠、申差于浊泽。』魏世家不言与韩赵击秦事，似魏未参加者。但魏世家云是年『齐败我观泽』。田敬仲世家云是年『败魏赵于观泽』。齐败赵魏于一地，必赵魏是合从。赵表云：『与韩魏击秦，齐败我观泽。』是魏实亦参加击秦。此时秦攻三晋，而齐亦伐赵魏，齐秦之间，是否有连横之关系，今不得知矣。据韩世家，是时，韩急，欲和于秦。楚用陈轸计，声言救韩，而兵不出。是五国伐秦无功，从即渐解。楚虽名为三晋之与国，而实不与之合作。而燕处僻远，亦不关切。其能团结抗秦者，惟三晋耳。此时六国大势，盖三晋为一团体，齐宋为一团体。燕楚两国名虽与三晋合从，实皆孤立。

于是张仪复乘时说魏，魏乃倍从，请和于秦。

张仪列传云：『秦复欲攻魏，先败韩申差军，斩首八万，诸侯震恐。而张仪复说魏王……哀王于是乃倍从约，而因仪请成于秦。』

九年，伐取赵中都西阳。十年，伐取韩石章，败赵将泥。赵表作英。泥英不知是一人，抑二人。伐义渠，取二十五城。十一年，魏复背秦为从。

张仪列传云：『三岁，而魏复背秦为从。秦攻魏，取曲沃。明年，魏复事秦。』魏复背秦为从之故，今不得知。愚意此仍由于犀首。是年，秦败韩魏于岸门，走犀首。是此时犀首实主两国之兵。由此意会，魏之背秦，当为犀首之谋。按前引魏策云，张仪相魏，犀首弗利，语韩公叔云，『盍少委焉，以为衍功』，『公叔以为信，因而委之，犀首以为功，果相魏』。所谓『委焉』『委之』者，当谓委之以事也。犀首又本右韩。故当五国伐秦前后数年间，犀首不特主诸侯合从，而且主韩魏之政。五国伐秦无功，从即渐解，抗秦者惟三晋而已。魏既与秦和，则韩赵势益孤弱。故犀首必约魏背秦，以厚合从之力也。

秦攻魏焦（秦本纪），降之。取曲沃（魏世家及表 张仪列传）。大败韩魏于岸门，走犀首。韩以太子仓为质于秦以和。秦本纪谓韩太子仓质秦在秦惠王初更十年岸门战前，此从韩世家。明年，秦求立公子政为魏太子，秦惠王与魏王会于临晋，韩魏乃合于秦，从散约解。而秦乃挟韩魏之势以临楚，秦强大之势乃成。

岸门之战，实战国时代局势转变之一大关键。自商鞅、张仪取魏河西上郡以后，秦虽浸强，然尚未驾楚魏而上之。张仪始倡连横之时，楚魏为强国，韩赵亦非小弱。岸门之战，秦一举而破三国，韩魏折而合于秦，于是秦势骤强，国际局势一变。是时惟齐楚为强，秦乃以魏攻燕齐（秦本纪云，惠王十三年，东攻齐，到满助魏攻燕。是岸门之战以后，秦即以魏攻燕齐也），以韩攻楚。秦韩既败楚于丹阳，取楚汉中，山东之国，惟齐与抗矣。

三、败楚取汉中

秦惠王初更十一年，秦败韩魏于岸门，韩魏折入于秦，秦势骤强，国际局势乃变。是时齐亦败赵魏，势强，于是秦齐争长（楚世家）。秦欲伐齐，而楚与齐从亲。秦惠王患之。于是张仪往相楚。说楚怀王曰，大王诚能听臣，闭关绝约于齐，臣请献商於之地六百里。怀王大悦，许之。乃以相印授张仪。遣使绝齐，命一将军随仪受地。张仪至秦，佯失绥堕车，三月不朝。楚怀王闻之，曰，仪以寡人绝齐未甚耶。乃使勇士至宋，借宋之符，北骂齐王。齐王大怒，折节而下秦。秦齐之交合，张仪乃朝。谓楚使者曰，臣有奉邑六里，愿以献大王左右。楚使者还报，楚王大怒，发兵而攻秦。秦、齐、韩合攻楚，斩首八万，杀楚将屈匄，遂取丹阳及汉中地六百里。秦人东出，其道有三。北则由河西渡河而至河东河内，中则出殽函而趋巩洛，南则出武关而至宛南阳。然北有大河之阻，南有武关之险。春秋以来，二者皆在晋楚之手，故秦不能越此而东。张仪既收河西上郡，大河之险，乃与赵、魏共之。秦及取汉中丹阳，武关亦不复为秦阻。故自昭王以后，秦势东渐，多循南北两进，形势便利也。

四、灭巴蜀

当张仪倡连横，争强于中国之际，尚有一事甚有关系于秦之富强者，即灭巴蜀是也。蜀为古国，古时其地盖近于中国。传黄帝子昌意娶蜀山氏女。牧誓载蜀武王伐纣。周书世俘篇云：『新荒伐蜀。』皆足明蜀近于中国。秦本纪云：『惠公十三年，伐蜀，取南郑。』华阳国志云：『昔蜀王封其地于汉中。』是春秋战国时，蜀地犹及于汉中也。秦惠王时，苴、蜀相攻击，皆告急于秦，张仪发兵击之，遂灭巴蜀。

秦本纪云：『惠王后九年，司马错伐蜀，灭之。』张仪列传复载仪错论伐蜀事。似主伐蜀及灭蜀者乃司马错。然据甘茂列传李斯列传华阳国志，实仪灭蜀。

秦之灭巴蜀，其关系甚为重要。张仪列传云：『蜀既属秦，秦以益强，富厚，轻诸侯。』秦之雄强，并诸侯，实赖蜀之财富为其经济基础也。

第二节　魏冉时代之外交与攻伐

魏冉者，秦昭王宣太后弟也。昭王即位，冉即用事。其后五度相秦。及昭王三十六年，以范雎之言，始渐为昭王所疏忌，四十一年，免相。故昭王之世，大半为魏冉执政时代。

一、对楚之外交与攻伐

自张仪败韩魏于岸门，取楚汉中丹阳，其时山东齐最强，于是形成秦齐争霸之局。齐乃约诸侯合从。齐湣王遗书楚怀王约从亲。楚乃合于齐。秦昭王见楚与齐合，亦厚赂于楚，结为婚姻。六国表怀王二十四年秦迎妇。楚世家云，楚往迎妇，是两国互以女相嫁也。昭王三年，复与楚怀王会于黄棘，相与盟结，秦予楚上庸，于是楚复倍从为横。是时，齐楚为大国，张仪时，已惧其合。齐倡合从以约韩魏及楚，实足以为秦之威胁，故昭王必与齐争楚也。楚既倍从即秦，齐、韩、魏乃共伐楚，秦救之，取魏蒲坂及韩武遂。明年，魏王及韩太子会昭王于临晋以和。

秦本纪昭王四年，取蒲坂。魏表云：『秦拔我蒲坂、晋阳、封陵。』韩表云：『秦取武遂。』按楚世家谓是年『齐、韩、魏为楚负其从亲，而合于秦，三国共伐楚。楚使太子入质于秦而请救，秦乃遣客卿通将兵救楚，三国引兵去』。

是秦取魏蒲坂三城及韩武遂，当因救楚之故。又秦本纪昭王五年，『魏王来朝应亭』。魏表云：『与秦会临晋，复我蒲坂。』韩表云：『太子婴与秦王会临晋，因至咸阳而归。』韩魏会秦昭王于临晋，当即言和也。

是时楚太子质于秦者，与秦大夫私斗，楚太子杀之而亡归。昭王六年，乃与齐、韩、魏共攻楚，败之于重丘，斩首二万，杀楚将唐眛。七年，秦复伐楚，取襄城，秦本纪作新城 斩首三万，杀楚将景缺。

此时秦外交亦甚活跃。昭王六年，泾阳君入质于齐，齐表系于湣王二十年，即昭王七年；秦本纪谓在六年此事之用意据孟尝君列传云，因『秦昭王闻其贤，乃先使泾阳君为质于齐，以求见孟尝君』。实则此乃一外交活动。齐于此时，正倡合从，而倡合从，吾人以为即孟尝君。吕氏春秋不侵云：『孟尝君为从。公孙弘谓孟尝君曰，君不若使人西观秦王。意者秦王帝王之主也，君恐不得为臣，何暇从以难之。意者秦王不肖之主也，君从以难之未晚也。』是孟尝君在未入秦以前，实已为从。孟尝君入秦，在秦昭王八年，故昭王八年以前，齐倡合从，必为孟尝君所主使。秦昭王于与楚开衅之际，而使泾阳君入质于齐以求见孟尝君，正惧楚与齐合也。齐不与楚合而拒秦，而与秦攻楚，孟尝君又入于秦，使楚孤立，实为秦昭王外交之大成功。

八年复伐楚，取八城。秦昭王遗书楚怀王，约会于武关。而秦伏兵于武关，楚怀王至则闭武关，挟之西至咸阳，要割楚巫黔中。楚怀王不许，秦因留之。楚复立顷襄王。秦昭王怒不割地，复立王以应秦，乃发兵出武关攻楚。大败楚军，斩首五万，取析十五城。楚益弱，怀王竟卒于秦。

二、韩魏之攻伐

昭王初，孟尝君倡合从以拒秦。及秦昭王以孟尝君为相，齐、韩、魏遂转与秦合以攻楚。

孟尝君相秦一岁，昭王欲因孟尝君，谋欲死之。秦昭王囚孟尝君之原因，孟尝君列传云：『人或谓秦昭王曰，孟尝君贤，而又齐族也。今相秦，必先齐而后秦，秦其危矣。于是秦昭王乃止。因孟尝君，谋欲杀之。』秦昭王所以欲杀孟尝君，恐非仅因其为齐族，将先齐而后秦而已，盖亦因其倡合从也。

孟尝君逃归，怨秦，乃复合韩魏以攻秦。

孟尝君自秦逃归以后，率诸侯之兵攻秦，史之记载，颇有参差。六国表齐、韩、魏攻秦在秦昭王九年。魏世家云：『（哀王）二十一年，与齐韩共败秦军函谷。』韩世家云：『与齐魏共击秦，至函谷而军焉。』田敬仲世家云：『齐与韩魏共攻秦，至函谷军焉。』但秦本纪云：『昭王十一年，齐、韩、魏、赵、宋、中山五国共攻秦，至盐氏而还。秦与韩魏河北及封陵以和。』不记九年齐、韩、魏伐秦事。孟尝君归齐后，诸侯伐秦，仅有一次，而史误记者。然比较两种记载有不同之处。不仅年代不合，而参与之国家及所攻达之地点，亦复不同。昭王九年伐秦者为齐、韩、魏三国，而攻之地为函谷关。而昭王十一年伐秦者为齐、韩、魏、赵、宋、中山六国，此时中山属赵，故史谓五国所攻抵之地为盐氏。故吾人以为此实不同之两役。按孟尝君列传云：『孟尝君怨秦，将以齐为韩魏攻楚，因与韩魏攻秦，而借兵食于西周。苏代为西周谓曰……薛公曰，善。因令韩魏贺秦，使三国无攻，而不借兵食于西周矣。』是昭王九年之役，孟尝君实自动辍攻。孟尝君既自动辍攻，秦必不割地以与韩魏和。据魏世家及韩世家，秦予魏河北及封陵以和，在魏哀王二十三年。秦与韩河外及武遂，在韩襄王十六年，皆当秦昭王十一年。若韩魏攻秦，仅有昭王九年一次，秦必不于两年以后始割地以□也。按韩表云：『襄王十六年（即秦昭王十一年），与齐魏击秦，秦与我武遂和。』是秦昭王十一年，齐、韩、魏等国确曾攻秦，秦始与魏河外封陵，与韩武遂以和也。孟尝君列传云：『是时楚怀王入秦，秦留之。故必欲出之。秦不果出楚怀王。』孟尝君必欲出楚怀王，然如何始得出楚怀王，史未言及。吾人以为秦昭王十一年之役，即因诸侯不直秦之留楚怀王，故合从以攻秦也。是年，楚怀王卒于秦，楚亦与秦绝。

于是秦攻韩魏。昭王十三年，向寿伐韩，取武始。白起攻新城。十四年，魏冉举白起代向寿为将攻韩魏，战于伊阙，斩首二十四万，虏其将公孙喜，拔韩五城。秦既大破韩魏，乃遗书楚顷襄王曰楚倍秦，秦且率诸侯伐楚，争一旦之命。愿王之饬士卒，得一乐战。楚顷襄王患之，乃复秦和，迎妇于秦。是时秦又和于齐赵。

按赵表赵惠文王五年（秦昭王十五年），迎妇于秦，是此时秦赵和也。又赵世家惠文王九年，赵梁将与齐合军攻韩，至鲁关下及。是秦攻韩魏之时，齐赵且助以攻韩，则此时齐与秦合矣。

而专力于韩魏。十五年，白起攻魏，取垣；攻韩，取宛。十六年，左更错攻魏，取轵及邓。（年表司马错取轵在十八年）十七年，魏与河东四百里。韩与秦武遂二百里。十八年，穰侯攻魏，取六十一城。十九年，秦昭王为西帝，尊齐湣王为东帝。齐湣王不受。秦复去帝为王。

秦昭王尊齐湣王为帝，自亦为一种外交手段。其目的盖在联合齐国。按苏代说齐湣王释帝云：『两帝立，约伐赵，孰与伐桀宋之利。』是秦昭王尊齐湣王为东帝，意欲合齐以伐赵也。据赵世家，赵孝成王十一年，秦取梗阳，（年表作桂阳）是此时，秦实伐赵。赵本与秦，此时秦何复伐赵？意此时秦之势力由河西侵入河，浸达河内，伸张过速，足以威胁赵，故赵不安，而渐疏秦也。

二十年，复伐魏，拔新垣、曲阳（魏世家 魏表）。二十一年，客卿错攻魏河内，败韩于夏山（韩世家 韩表），魏纳安邑于秦，魏河东之地，尽为秦有。

三、对齐之外交及攻伐

自张仪破韩于岸门，败楚取汉中以后，齐秦为两大，争雄于中国。齐倡合从以摈秦。此时，秦方有事于韩魏及楚，故外交上极力与齐相结。及秦昭王二十年，秦、燕、韩、赵、魏、楚六国伐齐，齐湣王走死以后，齐即大衰，而形势为之一变。六国伐齐，燕虽主谋，然秦实操纵利用之。

六国合从伐齐，初有三因。①燕仇齐。燕哙让国于其相子之，国内乱，齐乘时攻破燕。（史谓破燕者为齐湣王。据战国策及孟子，当为宣王。）燕昭王立，卑身厚礼以招士，欲以报齐。（为燕昭王谋报齐者，主要者有乐毅及苏代二人。苏代疑苏秦之误。）吕氏春秋知度云：『桀用羊辛，纣用恶来，宋用唐鞅，齐用苏秦，而天下知其亡。』（说苑 尊贤篇同）苏秦似为齐湣王、秦昭王同时人（详待考），故至齐湣王灭宋，势凌诸侯，燕首谋合从以伐齐。②齐湣王不善孟尝君，孟尝君去齐，谋合魏于秦赵以伐齐。孟尝君列传云：『后齐湣王灭宋，益骄，欲去孟尝君。孟尝君恐，乃如魏。魏昭王以为相，西合于秦赵，与燕共伐破齐。』前此，秦与韩魏为敌国，今忽合于秦以伐齐，盖孟尝君之谋也。③齐灭宋之影响。齐之伐宋，其谋出于苏代。秦致东帝于齐湣王时，苏代说齐湣王释帝而攻宋。其言曰：『然与秦为帝，而天下独尊秦而轻齐。释帝，则天下爱齐而憎秦。伐赵不如伐桀宋之利，故愿王明释帝以收天下。倍约宾秦，无争重。而王以其间举宋。夫有宋，卫之阳地危。有济西，赵之阿东国危。有淮北，楚之东国危。有陶、平陆，梁门不开。释帝而贷之，以伐桀宋之事，国重而名尊，燕楚所以形服，天下莫敢不听。此汤武之举也。』由此可知，齐之灭宋，原实有极大之野心。又由田敬仲世家云：『于是齐遂伐宋，宋王出亡，死于温。齐南割楚之淮北，西侵三晋，欲以并周室，为天子。泗上诸侯邹、鲁之君皆称臣，诸侯恐惧。』是齐于灭宋之后，即欲侵楚及三晋，宰制天下。于是国际局势，突然转变。此前，楚及三晋所惧者为秦，今则威胁楚及三晋者为齐矣。故楚及三晋乃不得不转而拒齐。六国合从以伐齐，虽由乐毅、孟尝君为之倡，实亦形势使然也。

燕欲伐齐，须与三晋及楚合，三晋及楚欲攻齐，则必须与秦连。此当时形势所必然。故苏代劝燕昭王交秦（战国策 燕策），乐毅『令赵啖秦以伐齐之利』（乐毅列传），孟尝君令魏『西合于秦赵』也。秦实为当时外交重心之所在。六国之交既合，昭王二十三年，六国共伐齐，败之济西，燕将乐毅深入临淄，齐湣王走死于莒。『乐毅留徇齐五岁，下齐七十余城，皆为郡县以属燕。』其后田单虽尽复齐地，然齐自此大衰，不复能与秦争强，而秦独强之势乃成。

四、楚之削弱

楚怀王死，顷襄王立，畏秦与秦平。六国谋伐齐，顷襄王复与秦昭王会宛，结和亲。齐既破，两国犹相善。秦昭王二十六年，楚人有言于顷襄王者，怀王为秦所欺，客死于秦，其怨当报，不能坐以受困。于是顷襄王遣使于诸侯，复为从，欲以伐秦。秦闻之发兵击楚。昭王二十七年伐楚，楚败，割上庸汉北地予秦。二十八年，白起攻楚，取鄢邓五城。二十九年，白起击楚，拔郢，楚顷襄王亡去郢，东徙于陈。楚益弱。三十年，秦复取楚巫黔中郡。按秦本纪昭王二十七年，司马错因蜀攻楚黔中，拔之。而楚世家及表皆云，秦拔巫黔中在昭王三十年。秦盖两度拔黔中。二十七年，因楚予秦上庸汉北地，故秦以黔中还楚。至三十年，秦复拔之。楚世家云『二十二年，秦复拔我巫黔中郡』，足证实曾为秦所取，复还楚，今复拔之。西楚之地，乃尽为秦有。

五、魏河内之攻取

秦于败楚之后，三十一年，转而攻魏，取两城。

此次秦之攻魏，其原因盖由于魏与楚合从。穰侯列传载，穰侯于昭王三十二年围大梁，梁大夫须贾说穰侯云：『愿君逮楚赵之兵未至于梁，亟以少割收魏。魏方疑而得以少割为利，必欲之。则君得所欲矣。楚赵怒于魏之先己也，必争事秦，从以此散。』可知此时魏与楚赵合从。

三十二年，穰侯将兵击魏，走芒卯，遂围大梁。韩命暴鸢救魏，击破之，魏予秦温以和。三十三年，魏背秦与齐从亲。秦命穰侯伐魏，斩首四万，得魏三县。（魏世家作四城）明年，穰侯与白起客卿胡伤复攻赵、韩、魏，破芒卯于华阳下，斩首十万，取魏之卷、蔡阳、长社，魏入南阳以和。

秦本纪系此事于昭王三十三年，年表及穰侯列传白起列传皆云在三十四年。秦本纪误。又韩世家谓赵魏攻韩华阳，韩求救于秦，故秦败赵魏于华阳。然魏世家及穰侯列传皆云败韩、赵、魏三国。是此次实三国合拒秦，而非韩求救于秦也。

于是魏之河内，半入于秦。

第三节　范雎之远交近攻政策及韩赵之攻伐

秦昭王三十六年，穰侯攻齐之刚寿，欲广其陶封，范雎上书讥切，于是昭王渐疏穰侯，而用雎。四十一年，雎乃代穰侯为相。

范雎主张远交近攻。史记范雎列传云：

『今夫韩魏，中国之处而天下之枢也。王其欲霸，必亲中国以为天下枢，以威楚赵。楚强则附赵，赵强则附楚。楚赵皆附，齐必惧矣。齐惧，必卑辞重币以事秦。齐附而韩魏因可虏也。』

此即范雎远交近攻计划之大纲。据此计划，必先交韩魏。韩魏既事秦，秦得居天下之中，于是以韩魏之力，威胁楚赵。楚强，则连赵以制楚。赵强，则连楚以制赵。楚赵皆附之后，则以韩、赵、楚、魏以胁齐。齐既孤立，则势不得不听。齐附，则远交之势成。远交既成，然后即击灭韩魏。盖此时楚、赵、齐既皆附于秦，韩魏孤立，故可击而虏也。此一计划重要之处，首在获得韩魏之亲附。故范雎主张对于韩魏，初则『卑辞重币以事之。不可，则割地而赂之。不可，因举兵而伐之』（范雎列传）。总之，必得韩魏之附而后已。昭王用其计，三十九年伐魏，取怀。四十一年复伐魏，拔邢丘。魏乃服于秦。

秦拔魏邢丘之后，魏似即合于秦。按魏世家，于秦拔邢丘之后，有齐楚攻魏事云：『齐楚相约而攻魏，魏使人求救于秦。冠盖相望也，而秦救不至。魏人有唐雎者，年九十余矣。谓魏王曰，老臣请西说秦王，令兵先臣出。魏王再拜，遂约车而遣之。唐雎到，入见秦王。秦王曰，丈人芒然乃远至此，甚苦矣！夫魏之来求救数矣，寡人知魏之急已。唐雎对曰，大王已知魏之急而救不发者，臣窃以为用策之臣无任矣。夫魏，一万乘之国也，然所以西面而事秦，称东藩，受冠带，祠春秋者，以秦之强，足以为与也。今齐楚之兵已合于魏郊矣，而秦救不发，亦将赖其未急也。使之大急，彼且割地而约从，王尚何救焉。必待其急而救之，是失一东藩之魏而强二敌之齐楚，则王何利焉？于是秦昭王遽为发兵救魏，魏氏复定。』秦出兵救魏当因秦魏相合。唐睢谓魏西面事秦，称东藩云云，更足见，此时魏已服于秦。又范睢列传亦云，秦昭王四十一年，范睢相秦后，欲攻韩魏，魏使须贾于秦，睢辱之。可知此时魏确曾求和于秦。

魏既服从，范睢乃说昭王伐韩。范睢谓昭王云：

『秦韩之地形，相错如绣。秦之有韩也，譬如木之有蠹也，人之有心腹之病也。天下无变则已，天下有变，其为秦患者，孰大于韩乎。王不如收韩。』

秦于是攻韩。自此以后，十余年间，专力于韩。昭王四十二年，伐韩取少曲、高平（范睢列传）。四十三年，白起攻韩拔九城，斩首五万。又取陉城。四十四年，白起攻韩南阳（本纪作南郡，误），取之。四十五年，击韩太行。五大夫贲攻韩，取十城。白起伐韩之野王，降之（白起列传）。四十六年，白起攻韩缑氏、蔺。四十七年，王龁攻韩上党，上党守冯亭以地降赵。四十八年，韩献垣雍。五十一年，攻韩取阳城、负黍。于是韩不特河北之地尽入于秦，河南之地亦半为秦有。五十三年，韩王入朝，魏亦委国听命焉。及至庄襄王时，韩复献成皋、巩。自此韩魏大衰耗，不复能拒秦矣。

范睢时代第二要事，则为弱赵。范睢以前，秦亦数攻赵，略取赵地，然终未尝大举。秦之弱赵，始于长平之役。昭王四十五年，白起攻韩野王，上党道绝。上党守以地降赵，赵受之。四十七年，王龁攻上党，上党民走赵。秦因攻赵。秦命白起将，大破赵军于长平，坑杀赵卒四十五万人。四十八年，秦复赵围邯郸。齐、魏、楚来救，秦始解去。长平之战，赵卒死者极众，赵乃大衰，不复能与秦抗。昭王五十一年，秦复攻赵，取二十余城。及庄襄王时攻赵榆次、狼孟，取三十七城，置太原郡。赵之山西之地，几尽为秦有矣。

自张仪以来，秦与山东诸国之战争，足以系诸国之盛衰者有下列数次。自岸门之战而韩魏衰，自蓝田之战而楚衰，自六国攻齐而齐衰，自长平之战而赵衰。自此以后，诸国尽衰，秦并六国，形势定矣。

第四节　李斯之离间政策与秦之并吞六国

秦经昭王数十年之攻伐，秦独强之势已成。始皇即位时，六国已不复能与秦抗。史记秦始皇本纪述始皇即位时之形势云：

『当是之时，秦地已并巴蜀、汉中，越宛有郢，置南郡矣。北收上郡以东，有河东、太原、上党郡。东至荥阳，灭二周，置三川郡。吕不韦为相……招致宾客、游士，欲以并天下。』

此时，秦国之大，于天下踰之三分之一矣。

以秦郡计之，此时秦已有陇西、北地、上郡、蜀郡、巴郡、汉中、南郡、南阳、河东、河内、上党、太原、三川、黔中等十四郡及内史之地。韩仅有颍川一郡，魏有东郡、砀郡二郡。赵有邯郸、巨鹿、云中、九原、雁门、代郡六郡。燕有上谷、渔阳、右北平、辽西、辽东、广阳六郡。齐有齐郡、琅邪、薛郡三郡。楚有九江、楚郡、泗水、会稽四郡。

而韩魏国小地蹙，力不能与秦牟。尉缭谓始皇曰：『以秦之强，诸侯譬郡县之君。』李斯谓始皇曰：『今诸侯服秦譬若郡县。夫以秦之强，大王之贤，由灶上骚除，足以灭诸侯，成帝业，为天下一统。』观尉缭、李斯之言，更足见当时秦与六国强弱之悬殊。故始皇之并六国，诚所谓『由灶上骚除』耳。

始皇即位，欲并诸侯，于是用尉缭、李斯之离间政策以离间诸侯。

秦始皇本纪云：『大梁人尉缭来说秦王曰，以秦之强，诸侯譬郡县之君，臣但恐诸侯合从，翕而出不意，此乃知伯、夫差、湣王之所以亡也。愿大王毋爱财物，赂其豪臣，以乱其谋。不过亡三十万金，则诸侯可尽。秦王从其计。』

李斯列传云：『（李斯）说秦王曰，胥人者，去其几也。成大功者，在因瑕衅而遂忍之。昔者秦穆公之霸，终不东并六国者，何也？诸侯尚众，周德未衰，故五伯迭兴，更尊周室。自秦孝公以来，周室卑微，诸侯相兼，关东为六国。秦之乘胜役诸侯，盖六世矣。今诸侯服秦譬若郡县。夫以秦之强，大王之贤，由灶上骚除，足以灭诸侯，成帝业，为天下一统。此万世之一时也。今怠而不急就，诸侯复强，相聚约从，虽有黄帝之贤，不能并也。秦王乃拜斯为长史，听其计，阴遣谋士赍持金玉以游说诸侯。诸侯名士可下以财者，厚遗结之；不肯者，利剑刺之，离间其君臣之计。秦王乃使其良将随其后。』

一方面令诸侯不得合从以抗秦，一方面则令诸侯、名士、良将不得用事。田敬仲世家云：『后胜相齐，多受秦间金，多使宾客入秦，秦又多予金。客皆为反间，劝王去从朝秦。不修攻战之备，不助五国攻秦。秦以故得灭五国。』此即离间诸侯之交，使不得合从也。信陵君列传云：『当是时，公子威振天下……秦王患之，乃行金万斤于魏，求晋鄙客。令毁公子于魏王曰，公子亡在外十年矣，今为魏将，诸侯将皆属，诸侯徒闻魏公子，不闻魏王。公子亦欲因此时定南面而王。诸侯畏公子之威，方欲共立之。秦数使反间，伪贺公子得立为魏王未也。魏王日闻其毁，不能不信。后果使人代公子将。』又李牧列传云：『赵王迁七年，秦使王翦攻赵，赵使李牧、司马尚御之。秦多与赵王宠臣郭开金，为反间，言李牧、司马尚欲反。赵王乃使赵葱及齐将颜聚代李牧。李牧不受命，赵使人微捕得李牧斩之，废司马尚。』此即离间诸侯君臣，使诸侯、良将、贤士不得用也。齐因秦间而不参加合从，影响当时国际局势至为重大。信陵君为当时国际重要人物，曾率五国兵以攻秦，其声望足以号召诸侯。而李牧亦赵之良将，惟牧足以御秦。二人皆因秦反间而废，卒使秦攻赵魏，长驱无阻。离间政策诚成功甚伟。

而秦于间，亟攻三晋。十余年间，渐次蚕食，三晋日削。十七年乃灭韩。十九年灭赵。二十年，燕太子丹命荆轲刺秦王，秦使王翦攻燕，破之。二十一年，取蓟。燕王喜走辽东。二十二年，命王贲攻魏，魏王降。二十三年，王翦攻楚，灭之。楚将项燕立昌平君于淮南。二十四年，王翦破项燕，尽取楚地。二十五年，使王贲攻燕于辽东，得燕王喜，灭燕。二十六年，使王贲攻齐，灭之。于是六国尽灭，秦有天下。

第五章　秦帝国之建立

第一节　帝国政权之巩固

秦既灭六国，统一天下，上古以来，诸侯分立之局面，乃完全改变。此一新的形势如何应付，此一广大帝国如何统治，自为当前重要急切之问题。

秦以武力并灭六国，六国之民仇秦自深。秦之所惧者，亦即六国之复叛。故秦首要之事，即如何巩固其帝国之政权，令六国之民不能复叛。始皇二十六年至三十七年，所行之一切政策，似皆不离此目的。

1. 收天下兵器及徙天下豪杰于咸阳

始皇二十六年既灭齐，『收天下兵，聚之咸阳，销以为钟鐻金人十二，重各千石，置廷宫中』。又『徙天下豪富于咸阳十二万户』。收兵器乃欲消灭反叛之武力。徙豪富于咸阳，意在强本弱枝也。

2. 急法严刑

秦本以法治国，及此惧诸侯人民之叛，益急法。秦始皇本纪云：『刚毅戾深，事皆决于法，刻削毋仁恩和义。』盖欲以刑罚消灭变乱也。

3. 巡幸郡县

始皇并六国后，时巡郡县。其意乃欲示其强盛，以威镇服天下。二世曰：『先帝巡行郡县以示强，威服海内。』（秦始皇本纪）其用意可知。又以巡行郡县之故，开阙驰道。汉书贾山传云：『秦为驰道于天下，东穷燕齐，南极吴楚，江湖之上，滨海之观必至。』秦之驰道，几达于全国。

按始皇二十八年，东行郡县，上邹峄山，登泰山，并渤海以东，穷成山，登之罘。南登琅邪。还过彭城，乃西南渡淮水，之衡山。浮江至湘山。自南郡由武关还。二十九年，东游，至阳武，登之罘，遂之琅邪，道上党入。三十二年，之碣石，巡北边，从上郡入。三十七年，始皇出游，至云梦，浮江下，观籍柯，渡海渚，过丹阳，至钱唐，临浙江，上会稽。还过吴，从江乘渡，并海上，北至琅邪。自琅邪北至荣成山，至之罘，遂并海西。至平原津而病，至沙丘而死。观始皇行幸所经，则驰道实遍达天下各地。

此种驰道之开阙，使政令易于宣达，文化易于传播，有助于政治文化之统一者，实非浅鲜。

4. 焚书

秦始皇本纪云：『丞相李斯曰，五帝不相复，三代不相袭，各以治，非其相反，时变异也。今陛下创大业，建万世之功，固非愚儒所知。且越言乃三代之事，何足法也？异时诸侯并争，厚招游学。今天下已定，法令出一，百姓当家则力农工，士则学习法令辟禁。今诸生不师今而学古，以非当世，惑乱黔首。丞相斯昧死言，古者天下散乱，莫之能一，是以诸侯并作，语皆道古以害今，饰虚言以乱实。人善其所私学，以非上之所建立。今皇帝并有天下，别黑白而定一尊，私学而相与非法教人。闻令下，则各以其学议之。入则心非，出则巷议，夸主以为名，异取以为高，率群下以造谤。如此弗禁，则主势降乎上，党与成乎下，禁之便。臣请史官非秦纪皆烧之。非博士官所职，天下敢有藏诗书百家语者，悉诣守尉杂烧之。有敢偶语诗书弃市。以古非今者族。吏见知不举者与同罪。令下三十日不烧，黥为城旦。所不去者，医药卜筮种树之书。若欲有学法令，以吏为师。制曰可。』秦焚诗书，盖惧学者，以己意议论政治，『惑乱黔首』，足以摇动民心耳。

以上数端，皆所以防闲诸侯之复变者也。

5.帝国理论根据之建立

始皇欲使天下泯其仇秦之心，且以秦之帝为当，乃欲为其帝业觅一理论之根据。终始五德之说，倡于齐人邹衍。以为帝王受命，必得五行之一德。黄帝土德，夏木德，殷金德，周火德。始皇时，齐人奏之（史记 封禅书）。始皇采用焉。以为周火德，秦代周，从所不胜，秦为水德。

秦始皇本纪云：『始皇推终始五德之传，以为周得火德。秦代周德，从所不胜。方今水德之始，改年始朝贺，皆自十月朔。衣服旄旌节旗皆上黑。数以六为纪，符法冠皆六寸，而舆六尺。六尺为步。乘六马。更名河曰德水，以为水德之始。刚毅戾深，事皆决于法，刻削毋仁恩和义，然后合五德之数。于是急法，久者不赦。』秦且以五德终始之说为其严刑急法之根据。始皇盖欲借以明秦之并灭六国，王天下，非属暴力，而实为五德运转之所当然。

6. 始皇专制

君主专制，实非始于始皇，战国之时，已渐形成。范雎云：『夫擅国之谓王，能利害之谓王，制杀生之威之谓王。』（史记 范雎列传）荀子 王霸篇云：『人主者，天下之利势也。』皆可明战国时代君主专制之情形。此种专制制度之形成，亦非偶然，而为时势演变所必致。战国以来，昔日操握政权之贵族，已浸渐衰落，其活跃于政治之上者，厥为新兴之游士。然游说之士，朝秦暮楚，唯图利禄，实不能成一阶级代昔日之贵族而握取政权，故政权乃不得不渐集于人主之手。而战国以来，法家学者，又盛倡威势之说，以为人君应有其绝对崇高之地位与权势。于是人主益增威重，而专制以成。秦自孝公以法治国，君主专制，业已形成。及至始皇并六国，欲固其帝国之基，专制益甚。始皇二十六年，初并天下，自以德兼三皇，功高五帝，乃更号皇帝。命为制，令为诏。天子自称曰朕。又以谥法乃子议父，臣议君，除谥法，而自称始皇帝。后世以数计，二世三世以至于无穷。凡此皆示皇帝之崇高也。而国家大权皆集于皇帝，事皆决于一人。秦始皇本纪云：『天下事无大小，皆决于上。上至以衡石量书，日夜有呈，不中呈，不得休息。』可见其专制之甚。

7.废封建置郡县

秦自商鞅以后，已废封建而行郡县。战国之时，其他各国，亦莫不行郡县之制。

秦三十六郡中，可知为六国所置者，上郡魏置，上党韩置，汉中、黔中楚置，雁门、代郡、云中、九原赵置，上谷、渔阳、右北平、辽西、辽东燕置。

盖战国以来，君主专制，中央集权之势已成，故封建亦随之渐废，郡县随之而立也。始皇既并六国，版图辽阔，不易统治，丞相王绾建议立诸子为王以填之。而廷尉李斯力加反对。于是不建王侯，分天下为郡县。

秦始皇本纪云：『丞相绾等言，诸侯初破，燕齐荆地远，不为置王，毋以填之。请立诸子，唯上幸许。始皇下其议于群臣，群臣皆以为便。廷尉李斯议曰，周文武所封子弟同姓甚众，然后属疏远，相攻击如仇雠，诸侯更相诛伐，周天子弗能禁止。今海内赖陛下神灵一统，皆为郡县。诸子功臣，以公赋税重赏之，甚足，易制，天下无异意，则安宁之术也。置诸侯不便。始皇曰，天下共苦战斗不休，以有侯王。赖宗庙，天下初定，又复立国，是树兵也，而求其宁息，岂不难哉！廷尉议是。分天下以为三十六郡。』

自春秋以来，以有诸侯之故，战争不息，其为祸之烈，为当时人所共识。李斯以不建诸侯可以消弭战争，易于统治，其识自较诸臣为胜。而我国中央集权之制，亦自此确立。其影响所及，非仅秦之一代也。

关于始皇二十六年所定三十六郡之目，古今学者，所说纷异。汉志著录者为河东、太原、上党、三川、东郡、颍川、南阳、南郡、九江、泗水、巨鹿、邯郸、齐郡、琅邪、会稽、汉中、蜀郡、巴郡、陇西、北地、上郡、九原、云中、雁门、代郡、上谷、渔阳、右北平、辽东、辽西、砀郡、薛郡、长沙三十三郡。续志以鄣郡为秦置，又益一黔中，合为三十五郡。裴骃注史记更以内史为郡，足成三十六郡之数。晋志因之。后之学者颇多置疑。宋刘敞首疑鄣非郡（汉志丹阳郡注）。全祖望著汉书地理志稽疑，以鄣郡为晚出，九原亦始皇二十六年后所置，内史不应在三十六郡之列，而益以东海、楚郡、广阳，以成三十六郡之数。钱大昕据汉志以驳裴骃，又退鄣郡、黔中、内史，而入南海、桂林、象郡（廿二史考异）。王国维秦郡考又以九原及南海等三郡为始皇二十六年以后置，东海为二世时置，而益以陶郡、河间、关中以足三十六郡之数。内史、鄣之非郡，已为诸家之所公认。钱大昕以南海三郡入三十六郡之列，亦一望而知其非当。全、王二氏以九原为后置，王氏以陶郡、河间、闽中在三十六郡之列，亦属可议。全、王二氏皆以九原为蒙恬斥逐匈奴后所置，其根据为徐广曰：『阴山在九原北。』（秦始皇本纪集解）又曰：『五原西安阳北有阴山，阴山在河南，阳山在河北。』（史记蒙恬列传集解）汉之五原即秦之九原，阴山在九原北，又在河南，故知九原当在河南，即蒙恬所取匈奴之地。然据汉志五原之地，实不在河南。河南之地乃朔方郡，五原乃在黄河东，今乌拉特后旗地。五原既不在河南，则九原自不在河南也。至于徐广所云『阴山在河南』，实属错误。河南实无片山。阴山在河南之阴山即马阴山，实在河东而不在河南也（水经注河水）。阴山既在河东，而又在九原北，九原必在河东而不在河南也。全、王二氏之根据既误其说自不能成立。王氏以秦有陶郡，其根据为史记穰侯列传。穰侯列传云：『穰侯卒于陶，葬焉。秦复取陶为郡。』然取陶为郡者，未必即另置陶郡，亦可云以陶之他郡也。河间、闽中在三十六郡之列，王氏理由亦弱。王氏据战国策以河间有十七城之地，可为一郡。史记东越列传云：『秦已并天下，皆废为君长，以其地为闽中郡。』秦并楚在始皇二十五年，闽中郡之置，当亦在此时。按战国以来，往往一地区有一名称而未必即为郡，如河西、河东、河内、河外、济北、胶东、关中等是。河间亦犹是耳，未必即为郡也。东越列传谓秦已并天下，以其地为闽中郡。所谓秦已并天下，未必即在始皇二十六年也。亦可在此以后。王氏之说盖不足据。吾人以为秦三十六郡乃汉志所著录之三十三郡，续志之黔中郡及广阳、陈郡。广阳郡见水经注漯水，郦元必有所据。秦并六国，于他五国都城所在皆置郡，于燕无不置郡之理（汉书地理志稽疑）。陈郡即楚郡。楚郡之名见楚世家，陈郡见陈涉世家，陈为楚都，秦灭楚，以其地为郡，故史公谓以其地为楚郡。然秦讳楚，庄襄王名子楚必不以之名郡，乃名其地曰陈。

8.统一文字

秦始皇本纪云：『一法度衡石丈尺，车同轨，书同文。』说文序云：『降及七国，文字异形，言语异声。秦并天下，丞相李斯乃奏同之，罢其不与秦文合者。』文字既经统一，则政令易于宣达，思想感易于相通。此事非仅影响于秦之代，其于我国民族国家之统一者，实非浅鲜。

第二节　帝国疆域之开拓及国防

一、匈奴之斥逐

1.匈奴之兴起

匈奴之民族，学者之意见未能一致，或以为突厥族，或以为东胡与蒙古之混血族。实则，匈奴为东胡，即古之貉也（详见拙作匈奴为貉族考）。匈奴何时兴起，何时与我国发生交涉，史未明言。我国载籍记匈奴与我国交涉最早者有三处。

①史记 秦本纪：『（秦惠王初更七年）韩、赵、魏、燕、齐帅匈奴共攻秦。』

②说苑 君道篇：『燕昭王问于郭隗曰，寡人地狭人寡，齐人削取八城，匈奴驱驰楼烦之下。以孤之不肖，得承宗庙，恐危社稷。存之有道乎？……』

③史记 李牧列传：『李牧者，赵之北边良将也，常居代雁门备匈奴……』

若据史记 秦本纪，则当秦惠王时，匈奴业已兴起，与中国发生交涉。然第一、二两条记载，实不可信据。据史记 犀首列传，与五国共攻秦者，实为义渠。义渠固非匈奴也。燕昭王之语郭隗，乃其即位之初事。然燕策及史记燕世家载燕昭王与郭隗语，不同于此，且皆无『匈奴驱驰楼烦之下』语，故说苑之说，是否可信，亦属疑问。匈奴与中国之交涉，其确实可信者，当以李牧列传所言为最早。李牧之备匈奴，乃赵孝成王时事，匈奴之兴起，当即在此时。

匈奴与秦之交涉，始于何时，今已不能确知。史记匈奴列传云：

『赵武灵王北破林胡、楼烦。筑长城自代并阴山，下至高阙为塞，置云中、雁门、代郡。』

高阙在今黄河外，腾格里湖之东北，赵长城至此，则河南地即今鄂尔多斯，当属赵。又赵世家云：『武灵王二十年，西略胡地至榆中。』榆中即河南。河南初属赵，由此亦可得明证。又史记李牧列传云，李牧守边，『灭襜褴，破东胡，降林胡。单于奔走，其后十余岁，匈奴不敢近赵边城』。林胡原即居于河南，李牧既降林胡，而又单于奔走，不敢近赵边城，则赵孝成王时，河南犹为赵有。匈奴之侵入河南，当在赵悼襄王或其后事，而匈奴与秦之交涉，亦必始于始皇之世。盖自赵悼襄王以后，秦连岁攻赵，赵以李牧御秦，力不及兼顾北边，故匈奴乘虚侵入河南。而秦与之接壤，故乃发生交涉。

2.蒙恬之逐匈奴

蒙恬之逐匈奴，其年代及情形，史之所言，亦甚不详明。

史记秦始皇本纪云：

『（三十二年）燕人卢生使入海还，以鬼神事，因奏录图书曰，亡秦者胡也。始皇乃使将军蒙恬发兵三十万人北击胡，略取河南地。』

又云：

『（三十三年）西北斥逐匈奴，自榆中、并河以东，属之阴山，以为三十四县，城河上为塞。又使蒙恬渡河取高阙、陶山、北假中，筑亭障以逐戎人。』

据此，秦击匈奴之原因，乃由图书谓『亡秦者胡也』之故，而其击匈奴之年代乃在始皇三十二年至三十三年。但史记蒙恬列传云：

『秦已并天下，乃使蒙恬将三十万众，北逐戎狄，收河南，筑长城，因地形，用险制塞，起临洮，至辽东，延袤万余里。于是渡河据阳山，逶迤而北。暴师于外十余年，居上郡。是时，蒙恬威振匈奴。』

又匈奴列传云：

『匈奴单于曰头曼。头曼不胜秦，北徙。十余年而蒙恬死。』

又汉书晁错传严安传严助传，皆云秦征匈奴十余年（见后引）。蒙恬死于始皇三十七年，自此上推十年，则为始皇二十七年。是蒙恬之始击匈奴，必在始皇二十七年以前也。秦始皇本纪始皇二十八年琅邪刻石云：

『皇帝之土，西涉流沙，南尽北户，东有东海，北过大夏。』

汉书地理志张掖居延县云：『居延泽在东北，古文以为流沙。』地记云：『弱水西流，入黎合山脉，余波入于流沙。』（夏本纪集解引）按秦西境不越黄河，此处之流沙，必非居延弱水之流沙。黄河以东，惟有鄂尔多斯沙漠。始皇二十八年河南之地当已为所有。蒙恬之始击匈奴，必在二十七年以前，而不在三十二年，更由此可知。盖自赵既衰以后，匈奴侵入河南，秦与匈奴，即已发生交涉。及秦并六国，乃复大举，略取河南地。其原因初不由图书之言也。

二、百越之征服

1.秦征南越以前中国与南越之关系

我国南方之开拓，自以楚为首功。史记建元以来侯者年表序云：『吴楚之君，以诸侯役百越。』吴起列传云：『于是南平百越，北并陈蔡。』其时，百越之地，未必即为岭南，长江流域，亦为越人所居。故吾人不能据此即谓春秋战国之世，楚之南境，已及南海。然春秋战国以来，楚南进甚速，拓地甚远，由此可以想见。史记越世家云，齐使谓越王无彊曰：『复雠、庞、长沙，楚之粟也。竟泽陵，楚之材也。』正义云：

『楚之四邑，庞、长沙、竟陵泽也。庞、长沙，出粟之地。竟陵泽，出材木之地。此邑近长沙、潭、衡之境……战国时，永、郴、衡、潭、岳、鄂、江、洪、饶并是东南境，属楚也。袁、吉、虔、抚、歙、宣并越西境，属越也。』『并是东南境』句与下『并越西境』对，『是』字当为『楚』字之误。

战国时，楚南境达于永、郴，则五岭之北，尽为楚有。秦始皇灭楚，置长沙郡。水经注耒水云：『郴，旧县也，桂阳郡治也，汉高帝二年，分长沙置。』桂阳治郴，郴既隶长沙，则战国时楚境达五岭以北，实属不误。战国时楚境已达五岭，疑岭南之地，亦为楚势力之所及。楚策云：『黄金珠玑犀象出于楚。』楚出珠玑犀象之记载，所见不鲜。珠玑南海所产，犀象热带之动物。春秋楚有象战之记载，然不能必其即产于长江流域，战国以降，即不复见长江流域有象。地理志云番禺『多犀象毒冒珠玑银铜果布之凑』。珠玑犀象，自古乃以番禺为集散地。今云珠玑犀象出于楚，楚之势力达于南海，由此可见。至少楚与岭南之交通必甚繁密。

2. 秦征南越

秦用兵南越之年代，史记云在始皇三十三年。秦始皇本纪云：『三十三年，发诸尝逋亡人、赘婿、贾人，略取陆梁地，为桂林、象郡、南海。』然秦始皇本纪述二十六年四至，又云：『地东至海暨朝鲜，西至临洮、羌中，南至北向户，北据河为塞，并阴山至辽东。』二十八年，琅邪刻石云：『皇帝之土……南尽北户。』史记所述始皇二十六年之疆域，容为史家追记。然琅邪刻石必为当时之情形。始皇二十八年，秦之疆域，即已『南尽北户』，其时南越必已为秦有。而其用兵南越，当更在此前也。史记南越尉佗列传云：

『南越王尉佗者，真定人也，姓赵氏。秦时已并天下，略定扬越，置桂林、南海、象郡，以谪徙民，与越杂处十三岁。佗，秦时用为南海龙川令。至二世时，南海尉任嚣病且死，召龙川令赵佗语曰，闻陈胜等作乱……』此处『十三岁』，以前学者皆无确当之解释。徐广曰：『秦并天下，至二世元年，十三年。并天下八岁，乃平越地，至二世元年，六年耳。』是徐广亦以『十三岁』为不可解。按以文义观之，实谓自秦并南越至任嚣病时为十三年也。『佗，秦时用为南海龙川令』，乃系插文耳。任嚣病死，观下文，当在二世元年陈胜起兵后不久。由二世元年上溯十三岁，为始皇二十六年。故始皇二十六年，秦当已征南越而有其地。

汉孝文帝命陆贾使南越，尉佗答文帝书云：

『老夫处越四十九年，于今抱孙焉。』

陆贾之使南越，在孝文帝元年。由此上推四十九年，为始皇二十年。是时，秦尚未灭楚，当不能征越，故此年代必误。古文九、七二字难辨，四十九年或为四十七年之误。然自孝文帝元年上溯四十七年，为始皇二十二年，其时秦仍不能征越，年代仍不合。故九字亦非七字之误。由始皇三十三年下数至孝文帝元年，为时三十六年，年代相差甚远。四十九年当亦非三十六年之误。吾人甚疑四十九年乃四十四年之误。小篆四作，九作，形略近，故误。由孝文帝元年上溯四十四年，为始皇二十五年。如此，则秦之初征南越，又当在始皇二十五年。惟此处更当推究者，为尉佗答文帝书究在何年。吾人以为陆贾之使南越，诚在孝文帝元年，但其归，则在二年。按陆贾之使南越，乃由丞相陈平之所推荐。按汉书陈平周勃传，孝文帝即位，以勃为右丞相，平为左丞相。后十余月，勃谢病免，平乃颛为丞相。据百官公卿表，周勃免相，在孝文帝元年八月辛未。陈平颛为丞相，当即在此时。明年十月陈平薨。丞相陈平之举陆贾，当在孝文帝元年八月或九月也。陆贾此时首途赴越，两月之时间，必不能往返。故陆贾返汉，必在孝文帝二年无疑。尉佗书答孝文帝既在孝文帝二年，自此上推四十四年，正为始皇二十六年，与南越尉佗列传适相符合。故秦之征南越，必始于始皇二十六年。史记王翦列传云：

『因乘胜略定荆地城邑。岁余，虏荆王负刍，竟平荆地为郡县。因南征百越之君。』

据此，始皇二十五年，王翦灭荆之后，即乘胜南征百越。秦始皇本纪云：

『二十五年，王翦遂定荆江南地，降越君，置会稽郡。』

东越列传云：

『秦已并天下，皆废为君长，以其地为闽中郡。』

王翦灭楚，乘胜平百越，据此，似又仅及会稽、闽中者。然由秦征南越之年代观之，王翦灭荆，乘胜平会稽、闽中及征南越，实属一事，或前后事。按淮南子人间训述秦用兵南越之情形云：

『又利越之犀角、象齿、翡翠、珠玑，乃使尉屠睢发卒五十万，为五军。一军塞镡城之岭，一军守九嶷之塞，一军处番禺之都，一军守南野之界，一军结余干之水。三年不解甲弛弩，使监禄无以转饷。又以卒凿渠而通粮道，以与越人战，杀西呕君译吁宋，而越人皆入丛薄中，与禽兽处，莫肯为秦虏。相置桀骏以为将而夜攻秦人，大破之，杀尉屠睢，伏尸流血数十万，乃发适戍以备之。』
汉书严助传云：『越人欲为变，必先田余干界中。』韦昭曰：『（余干）越邑，今鄱阳县也。』余干在闽越境内，为入闽越之通道，则秦五军中之余干一军，当为经营闽越者，必无疑义。而秦征南越、闽越系属同时事，由此可知。秦灭楚之后，盖即继续南进。初降越君，置会稽郡，再南即征闽越、南越也。

淮南子云秦征南越，『三年不解甲弛弩』，越人『杀尉屠睢，伏尸流血数十万』。秦征南越，历时甚久，战争极为艰苦。又史记主父偃传云：

『（秦）欲肆威海外，乃使蒙恬将兵以北攻胡。辟地进境，戍于北河。蜚刍挽粟，以随其后。又使尉佗、屠睢将楼船之士，南攻百越，使监禄凿渠运粮，深入越。越人遁逃，旷日持久，粮食绝乏。越人击之，秦兵大败。秦乃使尉佗将卒以戍越。当是时，秦祸北构于胡，南挂于越，宿兵无用之地，进而不得退。行十余年，丁男被甲，丁女转输，苦不聊生，自经于道树，死者相望。』

汉书严助传云：『臣闻长老言，秦之时，尝使尉屠睢击越，又使监禄凿渠通道。越人逃入深山丛林，不可得攻。留军屯守空地，旷日持久，士卒劳倦，越乃出击之。秦兵大破，乃发适戍以备之。』

皆可见秦征南越，实经过长久之战争。通前后之事观之，秦征南越，盖始于始皇二十六年，及始皇三十三年，乃平其地，置郡县，发卒戍之。

三、秦代之疆域及国防

1. 秦代之疆域

秦代之四境，史记秦本纪云：『地东至海暨朝鲜，西至临洮、羌中，南至北向户，北据河为塞，并阴山至辽东。』琅邪刻石云：『皇帝之土，西涉流沙，南尽北户，东有东海，北过大夏。』又史记蒙恬列传云：『筑长城，起临洮，至辽东，延袤万余里。』据此，秦代西北二面之国界，约略可见。大概西自临洮傍黄河而北，达于阴山。北则以阴山为界。秦之东境达于朝鲜，然究远及于何处，犹不能确指。史记朝鲜列传云：

『始自全燕时，尝略属真番朝鲜，为置吏，筑障塞。秦灭燕，属辽东外徼。汉兴，为其远，难守，复修辽东故塞，至浿水为界，属燕。燕王卢绾反，入匈奴，满亡命，聚党千余人，魋结蛮夷服，而东走出塞，渡浿水，居秦故空地上下障，稍役属真番朝鲜蛮夷及故齐燕亡命者王之，都王险。』

据此，浿水以南，汉时卫满所王之地及真番朝鲜，原皆属秦。浿水即今大同江，秦境当达大同江以南也。真番，杨守敬云，即汉志带方、列口、吞列、长岑、提奚、含资、海冥、昭明八县地（汉书地理志图）。是秦地远及朝鲜中部。按汉志载乐浪郡水有三，浿水、带水、列水，皆西流入海。浿水为今之大同江，带水、列水当为今之汉江、锦江。以此三水测之，秦境亦当及今之锦江也。秦之南境至北向户。北向户，颜师古云，开北户以向日。其地当在北回归线以南，秦南境盖及于安南。法儒H.markero作象郡考，谓秦之象郡在今广西贵州境，其说实不足据。秦之西南境及于何所，史未明言。按史记司马相如列传云：『相如曰，邛、筰、冉駹者，近蜀，道亦易通，秦时尝通为郡县，至汉兴而罢。』又西南列传云：『秦时，常頞略通五尺道，诸此国颇置吏焉。』是汉时西南夷夜郎、滇、邛都、徙、筰都、冉駹、白马之属，秦时皆属中国。秦之疆域，固达于云贵之地及大渡河东岸也。

2.秦代之国防

秦代之外寇，惟北方之匈奴及南方之百越。然百越惟时有叛变骚乱而已，其足为秦敌者，仅北方之匈奴，故其国防亦以北边为重。

(1) 筑长城。

战国时，燕赵皆筑长城以拒胡，秦一天下，命蒙恬北逐匈奴，因燕赵之旧，筑长城，起临洮，至辽东，延袤万余里。

史记匈奴列传云，赵武灵王『北破林胡、楼烦，筑长城，自代并阴山，下至高阙为塞……燕亦筑长城，自造阳至襄平』。此赵燕之长城也。又匈奴列传云：『秦始皇帝使蒙恬将十万之众北击胡，悉收河南地，因河为塞……因边山险堑溪谷，可缮者治之。起临洮至辽东万余里。』是秦于赵燕长城，盖复加缮治耳。至于秦所筑者，似仅临洮至阴山一段。匈奴列传云：『秦昭王时……遂起兵伐残义渠。于是秦有陇西、北地、上郡，筑长城以拒胡。』是秦之长城，昭王时已筑一部，非尽为蒙恬所筑。秦始皇本纪云：『三十三年，西北逐匈奴。自榆中、并河以东，属之阴山，以为三十四县，城河上为塞。』蒙恬所新筑者，盖仅此一段。长城西起临洮，东抵辽东。括地志云：『秦陇西郡临洮县，即今岷州城，本秦长城，首起岷州西十二里，延袤万余里，东入辽水。』（匈奴列传正义）是秦长城实起于岷州西十二里之处。其东面所至，张守节云：『始皇长城东至辽水，西南至海之上。』（蒙恬列传正义）括地志亦云，东入辽水。似秦长城东止于辽水者。按太康地记云：『遂城县，有碣石山，长城所起。』晋书地理志云：『遂城，秦筑长城之所起。』通典云：『碣石山在汉乐浪郡遂城县，长城起于此。』皆云长城东抵于乐浪之遂城。遂城在朝鲜平壤之南（大清一统志）。是秦之长城，实达于朝鲜也。秦时，朝鲜锦江以北之地皆属中国，秦长城东至遂城，实属可能。水经注河水云：『桥门即桥山之长城门也。始皇令太子扶苏与蒙恬筑长城，起自临洮，至于碣石，即此城也。』桥山桥门在今陕西中部，秦之长城不得在此，郦元之说疏矣。

复于缘塞置亭障，以守。

秦始皇本纪云：『（三十三年）又使蒙恬渡河取高阙、陶山、北假中，筑亭障以逐戎人。』

朝鲜列传云：『（卫）满亡命，聚党千余人，魋结蛮夷服，而东走出塞，渡浿水，居秦故空地上下障。』亭障制度如何，今已不可知。师古曰：『障，所以自障蔽也。』（汉书朝鲜传注）是障乃隐蔽之所。汉书匈奴传云：『单于既入汉塞，未至马邑百余里，见畜布野而无人牧者，怪之，乃攻亭。时雁门尉史行徼，见寇，保此亭。单于得欲刺之，尉史知汉谋，乃下，具告单于。』师古曰：『尉史在亭楼上，虏欲以矛戟刺之，乃自下以谋告。』是亭为有楼之建筑，足资防守者。汉书所言，虽为汉武时事，然汉之亭障之制既袭之秦，想秦时亭之建筑，亦同于汉。

（2）边境实行军事统治。

秦代边疆之地，其治理之道，似与内地不同。汉时边郡多部都尉。按水经注河水云：『河水又北迳富平县故城西，秦置北部都尉治县城。』是部都尉秦已有之，汉乃袭秦制。此种部都尉之职权如何，史未之言。按秦郡尉，『典武职甲卒』，此种部都尉当亦掌武事。然除此而外，实亦掌民政。后汉书百官志云，郡尉『典兵禁备盗贼。景帝更名都尉……中兴建武六年，省诸郡都尉，并职太守，无都试之役。省关都尉，唯边郡往往置都尉，及属国都尉，稍有分县治民比郡』。此边郡之都尉，即部都尉也。都尉可以分县治民比郡，是其有治民之权。又汉书西南夷传云：『蜀人司马相如亦言西夷邛、筰可置郡，使相如以中郎将往谕，皆如南夷，为置一都尉十余县。』后汉书西南夷传云：『冉駹夷者，武帝所开，元鼎六年，以为汶山郡。至地节三年，夷人以立郡赋重，宣帝乃省，并蜀郡为北部都尉。』东夷传云：『元封三年，灭朝鲜，分置乐浪、临屯、玄菟、真番四郡。至昭帝始元五年，罢临屯、真番，以并乐浪、玄菟。玄菟复徙居句丽。自单单大领已东，沃沮、濊貊悉属乐浪。后以境土广远，复分领东七县，置乐浪东部都尉。』是部都尉确可分县治民。汉代之部都尉既为因袭秦代旧制，则其职权亦当略同。秦之部都尉亦必得分县治民也。边徼之地，所以由都尉治理者，都尉将军之官，益之以民政，盖可以重事权，防寇略也。此种部都尉初实与各郡之都尉不同。各郡之都尉，秦时原名郡尉。而据水经注，各部之都尉，秦时即名都尉，可知都尉非由郡尉递变而来。吾人以为部都尉乃全因国防而设。汉制，『近塞郡皆置尉，百里一人，士史、尉史各二人，巡行徼塞』（汉书匈奴传师古注引汉律）。都尉，统率尉者也。

（3）遣屯戍及移民实民。

秦于边防，极为重视，除筑长城、亭障外，复发卒屯戍及移民实边。秦制，人民须屯边一岁。食货志师古注 始皇二世时，发卒戍边尤众。秦始皇本纪云：『三十三年，发诸尝逋亡人、赘婿、贾人，略取陆梁地，为桂林、象郡、南海，以谪遣戍。』汉书晁错传云：『因以谪发之，名曰「谪戍」。先发吏有谪及赘婿、贾人，后以尝有市籍者，又后以大父母、父母尝有市籍者，后入闾取其左。』而戍五岭者，达五十万人。皆可见其时戍卒之众。此外，又徙民以实边境。秦始皇本纪云：『（三十三年）西北斥逐匈奴，自榆中、并河以东，属之阴山，以为三十四县……徙谪实之初县。』史记南越尉佗列传云：『秦时已并天下，略定扬越，置桂林、南海、象郡，以谪徙民。』是秦新拓一地，即徙民以实之。此种徙民实民之政策，非特增强当时之国防，于后世亦影响甚巨。盖我国人民借此得向边境拓殖，我国文化亦因此而播于边地，而我国势力亦远及边地。汉代平南越、朝鲜而郡县之，亦因秦时我国民族文化已及于其地也。

第六章　秦之灭亡

一、秦代灭亡之原因

秦自始皇二十六年灭齐，统一天下，至二世三年子婴降于刘邦，为时十五年。然二世元年七月陈、吴起兵，豪杰蜂起，天下已乱。故秦真能统一天下者，实仅十二年。以若此之强大帝国，而灭亡如此之速，其原因略有下列数端。

1.帝国之基础不固

秦始皇以武力征服六国，六国人民心自不服。始皇为欲收拾人心，故采终始五德之说，以辩其当王。又于泰山等处刻石，以夸耀其功德以及政治经济之建设，以求人民之信仰。然终始五德之理论，其力毕竟薄弱。而政治经济之是否有利于民又非空言所能济事，必有事实为之明证。秦之政治经济之设施，非特无利于人民，抑且大为人民之毒害。故秦统一以后，人民不能归心于秦。尤以六国后裔，仇秦为甚。盖六国虽亡，其强宗大族犹有存者。彼等目睹故国灭亡之惨，怀恨于秦，势所必然。张良悉散家财，求客刺秦始皇为韩报仇。楚南公曰，楚虽三户，亡秦必楚。东郡陨石，民刻其石曰始皇死而地分，皆足见人民仇秦之甚。故以当时人民之心理观之，秦帝国实离心力强而向心力弱，已伏崩溃之几。初则秦尚可赖其威力以为维系，及陈胜既起，天下叛秦，秦之威望既已丧失，故天下乃土崩鱼烂矣。

2. 刑罚过滥

秦以法治而强，亦以法治而亡。法治本不能亡国，其因法治而亡者，用法不当也。商君、韩非主张法治，皆极注意于立法。立法必须切合于人民之需要。韩非子安危篇云：『安国之法，若饥而食，寒而衣，不令而自然。』又云：『明主之国，令者言之最贵者也，法者事之最适者也。』可知法家实主张立法当适合人民之需要。法之功效，乃积极地增进人民之福利，而非消极地防闲而已。秦始皇并灭六国，为防止六国之复变，用法过严。如偶语、诽谤、妖言等等，皆以极严峻之法，以钳制人民。法既过严，人民动辄得咎，致人民无所措手足。又刑罚，法家以为乃推行法令之手段。行刑之道，当『刑必加于有罪』，然始皇以后之用刑，似未顾及于此。汉书刑法志云：

『至于秦始皇，兼吞战国，遂毁先王之法，灭礼义之官，专任刑罚。躬操文墨，昼断狱，夜理书，自程决事，日县石之一。而奸邪并生，赭衣塞路，囹圄成市，天下愁怨，溃而叛之。』

史记李斯列传云：

『刑者相半于道，而死人日成积于市，杀人众者为忠臣。』

又陈馀列传云：

『范阳人蒯通说范阳令曰……秦法重，足下为范阳令十年矣。杀人之父，孤人之子，断人之足，黥人之首，不可胜数。』

秦刑人若此之众，是以刑杀为能事，而未顾及于法矣。荀子曰：『刑当罪则威，不当罪则侮。』（君子篇）秦既刑滥不当罪，故人民不畏其威，而恨其侮。又秦既重刑罚，贵狱吏，于是狱吏权重。狱吏之权既重，于是枉法以生人，枉法以杀人。史记项羽本纪云：『项梁尝有栎阳逮捕，乃请蕲狱掾曹咎书抵栎阳狱掾司马欣，以故事得已。』可知当时狱吏实枉法生杀人也。于是法益废，而刑益滥。刑罚既滥，『天下父子不相安』，故必『天下愁怨，溃而叛之』矣。

3.用民力过度

始皇既并天下，兴作不息，开驰道，筑阿房宫，治骊山陵，『离宫别馆，周遍天下』（李斯列传）。筑阿房宫及骊山陵，役徒达七十万人，合计其他，役人不知几何。而又向外开拓，连年用兵。北筑长城，发卒五十万人，南戍五岭又发五十万人，又复徙民实边，乃致天下骚动，民不聊生。故乃起而叛秦。汉书食货志云：

『至于始皇，遂并天下。内兴功作，外攘夷狄。收泰半之赋，发闾左之戍。男子力耕，不足粮饷；女子纺绩，不足衣服。竭天下之资财，以奉其政，犹未足以澹其欲也。海内愁怨，遂用溃畔。』

史记陈馀列传云：

『秦为无道，破人国家，灭人社稷，绝人后世。罢百姓之力，尽百姓之财……』

又云：

『秦为乱政虐刑以残贼天下，数十年矣。北有长城之役，南有五岭之戍，外内骚动，百姓罢敝，头会箕敛，以供军费，财匮力尽，民不聊生。重之以苛法峻刑，使天下父子不相安。陈王奋臂为天下倡始，王楚之地方二千里，莫不响应。家自为怒，人自为斗。各报其怨，而攻其仇。县杀其令丞，郡杀其守尉……』

秦始皇本纪李斯、冯劫谏二世云：

『关东群盗并起，秦发兵诛击，所杀亡甚众，然犹不止。盗多，皆以戍漕转作事苦，赋税大也。请且止阿房宫作者，减省四边戍转。』

汉书晁错传云：

『臣闻秦时北攻胡貉，筑塞河上；南攻扬粤，置戍卒焉。其起兵而攻胡粤者，非以卫边地而救民死也，贪戾而欲广大也。故功未立而天下乱。且夫起兵而不知其势力，战则为人禽，屯则卒积死。夫胡貉之地，积阴之处也，木皮三寸，冰厚六尺。食肉而饮酪，其人密理。鸟兽毳毛，其性能寒。扬粤之地，少阴多阳，其人疏理。鸟兽希毛，其性能暑。秦之戍卒，不能其水土，戍者死于边，输者偾于道。秦民见行，如往弃市，因以谪发之，名曰「谪戍」。先发吏有谪及赘婿、贾人，后以尝有市籍者，又后以大父母、父母尝有市籍者，后入闾取其左。发之不顺，行者深恐，有背畔之心。』

观此可知，秦向外扩张，用兵过久，赋税重而戍转苦，民不聊生，实为人民离叛之最主要原因。总之，『秦初灭诸侯，天下人心未定，痍伤者未瘳』（蒙恬列传），而又益之以严刑，苦之以重赋，故其愁怨愈积。陈涉既起，天下土崩，『县杀其令丞，郡杀其守尉者』，诚所『家自为怒，人自为斗』也。

4.赵高用事秦之政治败坏

天下人民虽心怀怨恨，然若秦之政治仍整肃有力，则或犹不至亟乱。但二世即位，赵高用事，益急法重赋，又蒙蔽二世，杀戮宗室大臣以树威。『群臣人人自危，谋畔者众。』秦朝臣解体，政治日非。秦本身之政治既乱，自更不足以维持天下。故豪杰既起，秦必灭亡。

二、豪杰亡秦

1.陈、吴及六国之纷起

陈胜者，阳城人也，字涉。吴广者，阳夏人也，字叔。二世元年七月，发闾左戍渔阳，陈胜、吴广皆次当行。行次蕲，屯大泽乡。会天大雨，道不通。度已失期，失期，法当斩。陈胜、吴广谋曰，今亡亦死，举大计亦死。等死，死国可乎？遂胁众杀尉，起兵。诈称公子扶苏，楚将项燕。攻蕲、铚、酂、苦、柘、谯，皆下之。行收兵，北至陈。兵车六七百乘，骑千余，卒数万人。攻陈，入据之。自立为王，号为张楚。当是时，诸郡县苦秦吏者，皆刑其长吏，杀之，以应陈涉。涉乃分遣诸将略地。以吴广为假王，将诸将以西击荥阳，令陈人武臣及张耳、陈馀徇赵地，令汝阴人邓宗徇九江郡，令魏人周市北徇魏地，以陈人周文为将军西击。武臣至邯郸，自立为赵王（二世元年八月）。陈馀为大将军，张耳、召骚为左右丞相。武臣又令上谷卒使韩广将兵北徇燕地。广至燕，亦自立为燕王。周市至魏，立故魏宁陵君为魏王（皆二世元年九月）。狄人田儋者，故齐王田氏族也，宗强，能得人心。周市略定魏地，北至狄，儋乃杀狄令，自立为齐王，略定齐地。而项梁亦起兵于会稽，刘邦起兵于沛（皆二世元年九月）。于是山东尽叛。

2. 秦兵之东击与陈胜之灭亡

初，陈胜遣周文西击秦，行收兵，至关，车千乘，卒数十万。二世元年九月，西至戏。秦令少府章邯赦骊山徒，授兵以击，文败走。邯复追败之渑池，周文自刭（二世二年十一月），军遂不战。吴广围荥阳，弗下，周文败死，广将田臧杀广，自以精兵迎秦兵于敖仓，与战，军破，田臧死。邯进破李归于荥阳。别将击破涉将邓说于郏，说走陈。邯又破伍徐于许，进兵击陈西军。陈王出监战，军破，之汝阴，还至下城父，其御庄贾杀以降秦（二世二年十二月）。

章邯已破陈王，乃北击魏王于临济。魏使周市请救于齐楚。齐王田儋、楚将项它将兵救魏。章邯击破周市等军，杀周市及齐王田儋，围临济，魏王咎自焚死，临济降秦（二世二年六月）。

3. 刘项之灭秦

项梁者，故楚将项燕子也。与兄子籍避仇吴中。陈胜既起，二世元年九月，梁、籍亦杀秦会稽守殷通，举兵。及陈胜败，秦兵且至，胜将召平渡江矫陈王命拜梁为楚王上柱国，令急引兵西击秦。梁乃率精兵八千人渡江而西，陈婴、黥布、蒲将军，皆以兵属焉，凡六七万人。时陈胜已死，秦嘉立景驹为楚王，军彭城东，欲拒项梁。梁进兵击秦嘉，嘉战死，景驹走死梁地。梁引兵入薛。梁闻陈王定死，召诸别将会薛计事。是时刘邦已起，有众数千人，亦往会于薛。梁听居巢人范增计，立楚怀王孙心为楚怀王（二世二年六月），又听张良言，立韩后公子成为韩王，西略韩地。

章邯破魏，杀魏王咎及齐王田儋，咎弟豹奔楚，儋弟荣收余兵保东阿。章邯进围东阿，项梁引兵救之，大破秦兵，梁追之。因使项羽、沛公西略地，破秦军于雍丘，又斩秦三川守李由，楚兵势盛。梁益轻秦，有骄色。秦悉起兵益章邯。邯击楚，大破之，杀项梁于定陶（二世二年九月）。

章邯既破楚，杀项梁，以为楚地不足忧，乃北渡河击赵，大破之。是时，赵王武臣已为其将李良所杀，陈馀求得赵之苗裔赵歇，立以为王。走保巨鹿（二世二年后九月），章邯令王离、涉间围之。

章邯已破杀项梁，楚怀王恐，自盱眙徙都彭城（二世二年九月）。并吕臣、项羽兵自将之。

以宋义为上将，项羽为次将，范增为末将，将兵救赵。令沛公西略地入关。与诸将约，先入关者王之。沛公引兵而西，下陈留，降南阳，破武关，与秦军战于蓝田，破之。遂至霸上，秦王子婴，降于轵道旁。

宋义、项羽救赵，行至安阳（曹县），不进。羽杀宋义，引兵渡河。破釜沉舟，持三日粮，以示士卒无还心。于是至则围王离，九战绝其甬道。杀苏角，虏王离，涉间自杀。是时，诸侯救者众，皆莫敢战。楚兵无不一以当十。诸侯军无不惴恐。于是羽为诸侯上将军，诸侯皆属焉。章邯既败，又内见疑于赵高，与羽战，又败于洹水南殷墟之上，邯遂降。羽将诸侯三十万行略地，至河南，坑杀秦卒二十余万于新安。破函谷关，至咸阳，杀子婴，尽焚秦宫室，秦用是遂亡。

附录　匈奴为貉族考

匈奴之氏族，旧说以为属突厥族，日本学者白鸟库吉氏始以匈奴为东胡族[①]，白鸟氏据语言为说。吾人就典籍观之，亦可知匈奴、东胡实属同一民族，且同属古代之貉族。

试先就匈奴起源之地观之。匈奴最初居地，实在东方，而非在西北。史记匈奴列传述冒顿时代匈奴单于庭所在云：『单于之庭，直代云中。』正义云：『言匈奴之南，直当代云中也。』是冒顿之庭在此两郡之北。代郡蔚州，云中治今托克托。至两郡辖境，吴卓信云：『代郡今直隶宣化府之西宁、怀安二县，及蔚州、易州之广昌县。又山西大同府之大同、阳高、天镇、广灵、灵邱五县。代州之繁峙县，暨正黄旗镶蓝旗察哈尔界中。』『云中郡所领十一县，并在今归化城西托克托城，及鄂尔多斯左翼后旗界。』[②]匈奴单于庭在此两郡以北，当在今归绥以东，以达察哈尔境内。汉书匈奴传郎中侯应言：

『臣闻北边塞至辽东，外有阴山，东西千余里。草木茂盛，多禽兽。本冒顿单于依阻其中，治作弓矢，来出为寇，是其苑囿也。』

① 见匈奴民族考及西域史的新研究。
② 见汉书 地理志补注。

据此，匈奴冒顿单于居地，盖在今归绥以东阴山中。水经注 河水云：『又有芒干水，出塞外，南迳钟山，山即阴山。故郎中侯应言于汉曰，阴山东西千余里，单于之苑囿也。自孝武出师，攘之于漠北，匈奴失阴山，过之未尝不哭，谓此山也。』郦元以冒顿居于钟山，钟山所在，不甚明白。按芒干水，汉志作荒干水，即今之黑河。黑河有二源：一出归绥东北官山，南流；一出察哈尔镶蓝旗海拉苏台，西流。合流后，经归绥南，至托克托，入黄河。今归绥北十余里，即至阴山。故以荒干水推之，冒顿所居之地，必在归绥东北阴山中也。

再自匈奴与中国之交涉观之。匈奴与中国之交涉，始于何时，今已不能确知。史籍记载战国时代匈奴与中国之交涉者，有三。

①史记 秦本纪：『（秦惠王初更七年）韩、赵、魏、燕、齐帅匈奴共攻秦。』

②说苑 君道篇：『燕昭王问于郭隗曰，寡人地狭人寡，齐人削取八城，匈奴驱驰楼烦之下。以孤之不肖，得承宗庙，恐危社稷。存之有道乎？……』

③史记 李牧列传：『李牧者，赵之北边良将也，常居代雁门备匈奴……』

若据秦本纪，则秦惠王时，匈奴已与中国发生交涉。若据说苑 君道篇，则在燕昭王时，匈奴已侵寇北边。然此两种记载是否可信，实属疑问。据战国策 秦策及史记 犀首列传，与五国共攻秦者，实为义渠而非匈奴。吾人以为义渠即月氏，非与匈奴同族。史公以义渠即匈奴实误。

故秦惠王初更七年，匈奴实尚未与中国接触。说苑君道篇所述燕王与郭隗语，乃其即位之初事，然燕策及史记燕世家载燕昭王与郭隗语，不同于此。且皆无『匈奴驱驰楼烦之下』语。是说苑之言，是否可信，亦甚有疑问。匈奴与中国之交涉，其确实可信者，当以李牧列传所言为最早。李牧之备匈奴，乃赵孝成王时事，匈奴之兴，当始于此时。李牧『常居代雁门备匈奴』，是匈奴最早居地，必在代雁门以北之阴山中，盖可想见。汉书地理志五原郡稒阳县自注云：

『北出石门障得光禄城，又西北得支就城，又西北得头曼城。』

此处之头曼城，何由得名，史未明言，然吾人可以推知当由匈奴头曼单于曾居其地之故。头曼城之地望，今亦不能确指，然五原乃今绥远乌拉特后旗之地，头曼城当约在今包头以西阴山中也。盖自头曼以后，匈奴之势力渐盛，乃西向发展。头曼单于以前，匈奴活动之范围盖在今归绥、包头一带也。自此以南，正为林胡、楼烦及东胡之居地，匈奴居地与之相接，似有同族之可能。

第三由服饰上观之。匈奴之服饰实与东胡同。我国历史上有赵武灵王胡服骑射一事。自史公以来，学者似皆以赵武灵王所服为匈奴之服。然以当时之形势观之，赵武灵王所服者，实非匈奴之服，而为东胡或林胡、楼烦之服。赵策，武灵王欲胡服，语公叔成云：

『今吾国东有河薄洛之水，与齐中山同之，而无舟楫之用。自常山以至代上党，东有燕东胡之境，西有楼烦秦韩之边，而无骑射之备。故寡人且聚舟楫之用，求水居之民，以守河薄洛之水。变服骑射，以备其参胡楼烦秦韩之边。』

据此，其时与赵界边者，为东胡、林胡、楼烦。而赵所欲备者，亦为此胡，匈奴尚不与赵相邻接，与赵亦无交涉。故赵武灵王所效之胡服，必非匈奴之服，而为东胡或林胡、楼烦之服。楚辞大招云：『小腰秀颈，若鲜卑只。』王国维谓此系赵武灵王胡服之后，楚人效其服者。如此，则赵武灵王所服者，确为东胡之服。其服制上褶下袴，具带，带头师比。淮南子氾论训云：『古者有鍪而绻领以王天下者矣。』高诱注云：『绻领皮衣，屈而紩之，如今胡家韦袭反褶以为领也。』胡家对汉家而言，即匈奴也。袭即褶，古通用。是匈奴衣韦褶也。汉书匈奴传云：『中行说曰：……其得汉絮缯，以驰草棘中，衣袴皆裂弊。以视不如旃裘之坚善也。』是匈奴衣袴也。史记匈奴列传云：

『……黄金饰具带一，黄金胥纰一……遗单于。』

胥纰即师比。赵策作师比，汉书匈奴传作犀毗，皆一语之转。汉孝文帝以具带胥纰遗单于，必匈奴服此也。故匈奴服制亦上褶下袴，具带，带头师比，与东胡同（参看王国维胡服考）。

匈奴与东胡服制既然相同，则其同属一民族，盖见可能。

第四再就其名称上观之。匈奴始兴之地，与东胡密近，匈奴之服饰与东胡相同，此二者仅足以证明匈奴有为东胡族之可能，尚不能必其为东胡族。若由名称论之，则匈奴实与东胡同族。按匈奴亦称胡。汉书匈奴传，武帝征和四年，匈奴狐鹿孤单于遗汉书云：『南有大汉，北有强胡，胡者天之骄子。』又呼韩邪单于号王昭君为宁胡阏氏。皆匈奴自称曰胡，是胡之名，非中国加之于彼者。胡为其民族之名称，必无疑义。

关于东胡之名称，近无学者，有以为即西文『Tungus』之对音者。然此说实不足信，盖除东胡与『Tungus』声音微有相近外，别无其他证据足明东胡即『Tungus』族。史记匈奴列传索隐服虔云：

『东胡，乌丸之先，后为鲜卑。在匈奴东，故曰东胡。』

我国古代学者，盖以东胡名称之起，乃因其地在匈奴以东之故。若如服虔之说，则东胡实非其民族之名称，而为我国加之于彼者。而所谓『胡』者，乃专指匈奴。然服说亦不可据。按史记赵世家，赵武灵王胡服骑射，召楼缓谋曰：

『我先王因世之变，以长南藩之地。属阻漳滏之险，立长城。又取蔺、郭狼，败林人于荏，而功未遂。今中山在我腹心，北有燕，东有胡，西有林胡、楼烦，秦韩之边，而无强兵之救，是亡社稷。奈何？夫有高世之名，必有遗俗之累，吾欲胡服。』

『东有胡』，正义云：『赵东有瀛州之东北，营州之境，即东胡乌丸之地。』是赵东之胡乃东胡，而非匈奴。东匈奴亦可单称胡。史记匈奴列传云：

『其后，燕有贤将秦开，为质于胡，胡甚信之。归而袭破走东胡，东胡却千余里。』秦开为质于胡，因□信已而袭破之。其所期者为胡，而其所袭破者为东胡，是其所质之胡，当即东胡。东胡之可单称曰胡，此又可证。又前引赵策谓东胡、林胡、楼烦为三胡，益可见东胡之可单称胡，赵武灵王之世，匈奴尚未兴盛，更未并有林胡、东胡、楼烦之地，理自不能以匈奴之名名诸部。故胡必非匈奴之对音。吾人以为乃民族之名称。匈奴、东胡、林胡、楼烦既同称曰胡，自同一族。匈奴、东胡等，皆胡族之一部耳。而东胡名称之起，非如服虔之说，因其在匈奴以东之故，亦可想见。东胡者，东方之胡也。犹匈奴之又称北胡也。

匈奴、东胡、林胡、楼烦同为胡族。吾人以为胡族即貉族。赵武灵王胡服骑射，而竹书纪年云：

『魏襄王十七年，邯郸命吏大夫奴迁于九原。又命将军、大夫、适子、戍吏皆貉服矣。』（水经注 河水引）

此谓胡服为貉服，可知胡即貉。史记 赵世家云：

『知伯……请地赵，赵不与……知伯怒，遂率韩、魏攻赵。赵襄子惧，乃奔保晋阳。原过从后。至于王泽见三人。自带以上可见，自带以下不可见，与原过竹节二，莫通。曰，为我以是遗赵毋恤。原过既至，以告襄子。襄子齐三日，亲自剖竹。有朱书曰赵毋恤，余霍泰山山阳侯天使也。三月丙戌，余将使女反灭知氏，女亦立我百邑，余将赐女林胡之地。至于后世，且有伉王，亦黑龙面，而鸟噣鬓麋髭頔，大膺大胸，修下而冯。左衽界乘，奄有河宗至于休溷诸貉，南伐晋别。』

此段神话，固不足信。然其所述历史□实，则必非虚。否则，不足明其神。『左衽界乘』，乃指武灵王胡服骑射。故此处之伉王，当即武灵王。河宗休溷，今不能确指其地何在。正义云河宗『盖在龙门河之上流，岚胜二州之地也』，是岚胜二州及其附近地当为诸貉所居。按赵武灵王所破者，为林胡、楼烦，其地复正在岚胜二州之境，是林胡、楼烦，即河宗休溷诸貉，或其一部。胡之□□，此又为一证。史记匈奴列传云：

『赵襄子逾句注而破并代，以临胡貉。』

胡貉二字，旧多分释，以为二族。按前引赵武灵王语楼缓云赵北有燕，东有胡，西有林胡、楼烦，秦韩之边是赵之北边，实为东胡、林胡、楼烦。且赵襄子以至武灵王，其间赵于北边，未尝并有他国。故知赵襄子之时，与赵北边邻接者，当亦即东胡、林胡、楼烦，而别无胡貉。若貉分释，以之为二族，实语有难通。胡貉当即一族，即东胡、林胡、楼烦等是也。

荀子强国篇云：

『今秦南乃有沙羡与俱，是乃江南也。北与胡貉为邻。』

荀子所言，乃当时之情形。荀子与秦昭王应侯同时。秦当昭王以后，惟与居于河南之林胡相接，不开别有貉族。匈奴列传云：『宣太后诈而杀义渠戎王于甘泉，遂起兵伐残义渠，于是秦有陇西北地上郡，筑长城以拒胡。』更足明秦昭王以后，与秦北边接境者，实惟有胡。故荀子所言与秦邻接之胡貉，必为一族。

汉书晁错传云：

『臣闻秦时北攻胡貉，筑塞河上。南攻扬粤，置戍卒焉。』

秦时蒙恬所攻者惟匈奴，故胡貉即匈奴。胡貉为一族，由此可必矣。除此之外，吾人又每见记载言胡貉之族者，必胡貉连举，绝无分开，或颠倒者。如秦策云：『苏秦说秦惠王曰，大王之国，西有巴蜀汉中之利，北有胡貉代马之马。』吕氏春秋义赏云：『戎夷胡貉巴越之民，是以虽有厚赏严罚弗能禁。』淮南子齐俗训云：『胡貉、匈奴之国，纵体拖发。』此种胡貉连举，而不分开，盖胡貉为一民族之名称，不能分开也。

吾人以为胡貉乃此民族之正称。胡或貉，乃其省称。貉按又称濊貉、秽貉，濊、秽，乃胡一声之转耳。淮南子原道训云：『匈奴出秽裘，于越生葛絺。』秽裘二字，义不可通。秽裘当即胡裘也。秽胡双声，故通译。胡貉、秽貉、濊貉，同名异译也。

此族古时分布甚广。诗韩奕云：『王锡韩侯，其追其貊，奄受北国，因以其伯。』韩为春秋时之韩原，在今陕西韩城县南。周以貊锡韩侯，必貊近韩也。是古河西之地有貊。河西之貉，郑玄谓后为『猃狁所逼，稍稍东迁』（诗韩奕）。吾人以郑说实不足据。诗正义云：

『言其后追也貊也，为猃狁所逼，稍稍东迁者，以经传说貊，多是东夷……至于汉氏之初，其种皆在东北，于并州之北，无复貊种，故辨之。猃狁之最强，故知为猃夷所逼。』

据此，郑氏谓貉为猃狁所逼而东迁者，乃因经传说貉，皆为东夷，及汉时貉族皆在东北之故。郑氏不得其解，故为想象耳，实毫无根据也。吾人以河西之貉自西周以至战国，实未尝东迁，仅稍北徙耳。说苑权谋篇云：

『晋文公伐卫，入郭，坐士令食。曰，今日必得大垣。公子虑俛而笑之。文公曰，奚笑？对曰，臣之妻归，臣送之，反见桑者而助之。顾臣之妻，则亦有送之者矣。文公惧，还师而归。至国，而貉人攻其地。』

晋文公时，貉人攻晋，此种貉人，纵非居于河西，亦必去绛不远。是春秋之世，河西或其附近仍有貉也。前引赵世家霍泰山阳莫侯天使语赵襄子，将与其后伉王以河宗至于休溷诸貉，是春秋之末以至战国之世，河西仍有貉也。自西周以至战国，河西皆有貉，未实东迁也。河西之地有貉、林胡、楼烦、东胡，又皆貉，是自今洛水以北，以至鄂尔多斯，晋绥边境，而达河北，皆貉所居也。

诗闷宫云：

『保有凫绎，遂荒徐宅。至于海邦，淮夷蛮貊。及彼南夷，莫不率从。莫敢不诺，鲁侯是若。』

貊服从于鲁，是春秋之世，鲁之附近有貉。管子小匡云：

『桓公曰，余北至于孤竹、山戎、秽貉。』

是燕之附近有貉也。今河北山东，盖皆有貉分布于其间。又先秦诸子屡举貉名，如论语：

『虽蛮貊之邦行矣。』

孟子：『子之道，貉道也……天貉，五谷不生，惟黍生之……』

管子小称篇云：『审行之身毋怠，虽貉夷之氏，可化而使之爱。』

荀子劝学篇云：『于越夷貉之子，生而同声，长而异俗，教使之然也。』

其余多不胜举。先秦诸子既皆言及于貉，则貉必为其时之一大民族。孔子以蛮貊对举，孟子历述其生产政治之情况，盖足以想知其为中国习知之大民族，而非一小部落。孔颖达云：『此追貊是二种之大名耳，其种非止一国，亦是百蛮之大总也。』（诗韩奕正义）所言甚是。周礼职方掌四夷九貊，貊而有九，胡为一民族之总种可想而知。

诗闷宫举近鲁之民族，有徐、淮夷、蛮、貉。徐、淮夷、蛮，皆在鲁之南，其在北方者惟貉而已。考之春秋经传，僖公以前，东方之民族与齐鲁交涉最繁者，厥为北戎、山戎及戎。

隐公二年春，公会戎于潜，『秋八月庚辰，公及戎盟于唐』。

隐公七年『冬天王使凡伯来聘，戎伐凡五于楚丘以归』。

隐公九年『北伐侵郑』。

桓公二年九月公及戎盟于唐。

桓公六年夏北戎伐齐。

庄公十八年夏公追戎于济西。

庄公二十年冬齐人伐戎。

庄公二十四年冬戎侵曹。

庄公二十六年春公伐戎。

庄公三十年冬齐人伐山戎（杜云：山戎，北戎）。

僖公十年夏齐侯许男伐北戎（杜云：北戎，山戎）。

以经传合之于诗，可知北戎、山戎、戎，当即是貉。易言之，貉即山戎族也。典籍之记山戎居地者，极不一致。庄公三十年穀梁传云：

『（齐）桓内无因国，外无从诸侯，而越千里之险，北伐山戎，危之也。则非之乎？善之也。何善乎尔？燕周之分子也，贡职不至，山戎为之伐矣。』

史记匈奴列传云：

『山戎越燕而伐齐。齐釐公与战于齐郊。其后四十四年，而山戎伐燕，燕告急于齐。齐桓公北伐山戎，山戎走。』

此谓山戎远在齐北，近燕处也。左氏襄公四年传云：『无终子嘉父使孟乐如晋。因魏庄子纳虎豹之皮，以请和诸戎。』杜预曰，无终，山戎国名。又左氏昭公元年传云：『晋中行穆子败无终群狄于太原。』无终败于太原，其国当在太原附近。是山戎又在太原也。赵策云：『赵王因起兵南伐山戎。』高诱云：『戎近秦，伐之以逼秦。』是山戎又在秦赵之边也。自来学者于此皆不得其解。甚者谓山戎原居燕北，后迁于代边，入战国而迁于秦赵之间。其言山戎之迁徙，一如小儿之捉迷藏，诚可哂也。推其所以，盖皆因学者均以山戎为一部落耳。若由吾说观之，山戎即貉，乃一民族之总称。此一民族，分布甚广，自河西，环代北而达于辽海。则于各种记载之解释，可通达无碍矣。病燕者为山戎之一部；与晋战太原之无终，为山戎之一部；居秦赵之间者，亦山戎之一部耳。

若以上之考察无甚错误，则自宗周以至战国，我国东、北、西三面民族之分布，亦略可推见其大概：自河西以北，并阴山，经晋代而抵于海滨辽左，为胡貉族，即春秋之山戎、北戎，战国以后之东胡、楼烦、林胡等是也。歧果山以北，溯洛水而上，以达于灵夏河西为猃狁族，即古代之犬戎，春秋以后之狄是也，此族盖突厥。渭水上游，秦陇之地则为氐羌。

民国三十四年十一月十五日草于菊园